**ALLIED
ORDNANCE
PUBLICATION**

**AOP-38
(Edition 3/édition 3)**

**PUBLICATION
INTERALLIEE
SUR LE MATERIEL
D'ARTILLERIE**

GLOSSARY OF TERMS AND DEFINITIONS CONCERNING THE SAFETY AND SUITABILITY FOR SERVICE OF MUNITIONS, EXPLOSIVES AND RELATED PRODUCTS

GLOSSAIRE DE TERMES ET DEFINITIONS SUR LA SECURITE ET L'APTITUDE AU SERVICE DE MUNITIONS, MATIERES EXPLOSIVES ET PRODUITS ASSOCIES

AOP-38

APRIL 2002

AVRIL 2002

NORTH ATLANTIC TREATY ORGANIZATION

NATO STANDARDIZATION AGENCY (NSA)

NATO LETTER OF PROMULGATION

April 2002

1.   AOP-38 (Edition 3) - GLOSSARY OF TERMS AND DEFINITIONS CONCERNING THE SAFETY AND SUITABILITY FOR SERVICE OF MUNITIONS, EXPLOSIVES AND RELATED PRODUCTS is an UNCLASSIFIED publication.

2.   AOP-38 (Edition 3) is effective upon receipt. It supersedes AOP-38 (Edition 2) which shall be destroyed in accordance with the local procedures for the destruction of documents.

Jan H ERIKSEN
Rear Admiral, NONA
Director, NSA

ORGANISATION DU TRAITE DE L'ATLANTIQUE NORD

AGENCE OTAN DE NORMALISATION (AON)

LETTRE DE PROMULGATION DE L'OTAN

Avril 2002

1.   AOP-38 (Edition 3) - GLOSSAIRE DE TERMES ET DEFINITIONS SUR LA SECURITE ET L'APTITUDE AU SERVICE DE MUNITIONS, MATIERES EXPLOSIVES ET PRODUITS ASSOCIES, est une publication NON CLASSIFIEE.

2.   L'AOP-38 (Edition 3) prend effet dès réception. Elle remplace l'AOP-38 (Edition 2) qui sera détruite conformément aux procédures locales de destruction des documents.

Jan H ERIKSEN
Vice-amiral, NONA
Directeur de l'AON

RECORD OF CHANGES

Change Date	Date entered	Effective Date	By Whom Entered

REPERTOIRE DES CORRECTIONS

Date de la correction	Date d'inscription	Date d'entrée en vigueur	Inscrit par

TABLE OF CONTENTS / TABLE DES MATIERES

1.   Introduction

This Glossary contains the specialist acronyms, terms and their definitions related to the work of the NATO Group on Safety and Suitability for Service of Munitions and Explosives (AC/310). This work encompasses:

-    munitions, explosives and munition-weapon interfaces,
-    safety and suitability for service (S3) thereof and
-    related topics concerning the work of AC/310,

but excludes nuclear, biological and chemical weapons

This Glossary complements the NATO Glossary of Terms and Definitions, AAP-6, which lists terms and definitions of general application in NATO documents. The NATO terminology policy as laid down in AAP-6 and the guidance from the NATO Terminology Coordinator (November 1997) has been followed as possible.

The terminology existing in internationally agreed glossaries, in particular AAP-6 and further the AC/310 and other NATO publications has been applied as much as possible without any change. Nevertheless, in some cases, adaptation has been necessary to avoid contradictions and to comply with the terminology rules. Other publications have also been consulted; see Annex D.

Abbreviations, terms and definitions included in this Glossary are not classified.

2.   Layout

The Glossary is bilingual English/French.

Acronyms are presented in Annex A.

Annex B is an index of terms. The terms are alphabetically arranged English/French and French/English. For some groups of terms, interrelationships are given.

The terms and their definitions are presented in Annex C. The terms are alphabetically arranged, only in English in order to keep the English and French texts together and to prevent deviations between both.

Where suitable software is used, electronic copies of Annex C may be rearranged using the Sort function to give a French alphabetically rearranged version.

Annex D comprises a list of reference documents. The principal sources of the terms and definitions herein are the STANAGs and APs developed by AC/310.

3.   Use of the Glossary

3.1   Formal AC/310 documents

The primary aim of this Glossary is to ensure homogeneity in the use of terms and associated definitions in the documents generated by AC/310. Where possible, all terms and definitions should be taken from AAP-6, or from this AOP, in accordance with their meaning.

Where new terms and definitions are needed to understand unambiguously a document, custodians are to submit these in English and French to the AC/310 terminology working group for inclusion into this AOP and/or into AAP-6. They may be inserted in the text of the document itself if they concern only the tenor of the subject document. If the terms and definitions can only be submitted in one language, the terminology working group may assist to produce a valid translation.

3.2 Other applications

This AOP may serve as a guide or as a reference for AC/310 as well as for other bodies, together with other dictionaries and glossaries (c.f. Annex D).

3.3 Updating

The need for AC/310 to have access to an up-to-date Glossary is important. There are inevitably some omissions and errors, and identification of these shortcomings by the users will serve for rapid updating and improvement of this AOP.

If, during AC/310 activities, new or modified terms and definitions of general interest for AC/310 appear to be necessary, updating of the Glossary will be performed in accordance with the directives of the AC/310 Handbook. Criteria for new terms and definitions are given in §4 below.

All suggestions from users for improvement or addition of the Glossary will be welcomed. These can be addressed to the Secretary of AC/310, Defence Support Division, NATO Headquarters, B1110 Brussels, fax 0032 (0)2707 4103, e-mail: plan.policy@hq.nato.int.

3.3 Texts of terms and definitions

New terms and definitions should, in line with AAP-6, satisfy the following criteria:

a.   A technical or specialist term may only be included if it has significance in the AC/310 field.

b.   The need for creation of a new term or definition must be evident. Consequently, a term which has been defined sufficiently in AAP-6, this AOP or the common dictionaries (see Annex D §1) may be quoted but will not be redefined.

c.   Each term and definition must be in their its simplest form: a noun should be in the singular and a verb should be in the infinitive. They must be as succinct as possible.

d.   A definition should be expressed in simple, clear and grammatically correct language.

e.   A term of general use should not be given a restrictive definition that limits its application.

f.   Furthermore, the terms and definitions are subject to the following constraints:

(1)   Unless there are special reasons to the contrary, they should not contain acronyms, abbreviations, formulae, symbols or equations.

(2)   They should not include a qualifier in parenthesis.

(3)   Procedural matter and any non-essential information should be excluded.

1. Introduction

Le présent Glossaire comprend les acronymes, les termes et leurs définitions spécialisés en matière du travail du Groupe OTAN sur la sécurité et l'aptitude au service des munitions et des matières explosives (AC/310). Ce travail concerne:
- les munitions, matières explosives et couples arme-munition,
- leur sécurité et aptitude au service (S3) et
- des sujets apparentés au travail de l'AC/310 ,

mais à l'exception des systèmes d'armes nucléaires, biologiques et chimiques.

Ce glossaire est complémentaire au glossaire OTAN de termes et définitions (AAP-6). Ce document énumère les termes et définitions d'application générale dans les documents de l'OTAN. La politique terminologique de l'OTAN telle qu'elle est définie dans l'AAP-6 et les directives du coordinateur de terminologie de l'OTAN (novembre 1997) a été suivie dans la mesure du possible.

La terminologie qui existe dans les glossaire internationales agréés, en particulier l'AAP-6 et les autres publications de l'OTAN a été appliquée pour autant que possible sans modification. Néanmoins, des adaptations ont été quelquefois nécessaires pour éviter des contradictions et pour satisfaire aux règles de terminologie. D'autres publications internationales et nationales ont également été consultées; voir l'annexe D.

Les abréviations, termes et définitions dans le glossaire ne sont pas classifiés.

2. Mise en oeuvre

Le glossaire est bilingue, anglais/français et français/anglais.

Les acronymes sont présentés dans l'annexe A.

L'annexe B est un répertoire des termes. Les termes sont rangés par ordre alphabétique en anglais/français et en français/anglais. Pour quelques groupes de termes, les rapports entre les termes sont présentés.

Les termes et leurs définitions sont présentés dans l'annexe C. Ils sont classés par ordre alphabétique, uniquement en anglais, afin de maintenir les textes français et anglais à hauteur et d'éviter toutes déviations.

Les copies électroniques de l'annexe C pourront être réarrangées pour obtenir une version française par ordre alphabétique en français à l'aide de la fonction de classement.

L'annexe D comprend une liste des documents de référence. Les principales sources des termes et définitions de cette publication sont les STANAG et les AP développés par l'AC/310.

3. Utilisation du glossaire

3.1 Documents formels de l'AC/310

Le premier objectif de ce Glossaire est d'assurer une utilisation homogène des termes et définitions associées dans les documents produits par l'AC/310. Dans la mesure du possible, tous les termes et toutes les définitions devraient être empruntés à l'AAP-6 ou à cette AOP, suivant leur signification.

Quand il y a besoin de nouveaux termes et de nouvelles définitions pour comprendre sans ambiguïté le document, le pilote doit les soumettre en français et en anglais par intermédiaire du Secrétaire au groupe de travail terminologique de l'AC/310 pour insertion dans ce glossaire et/ou dans l'AAP-6. Ils peuvent être insérés dans le document même s'ils concernent uniquement la teneur du document en question. Si les termes et définitions ne peuvent qu'être soumis dans une seule langue, le groupe de travail terminologique pourrait assister pour préparer une traduction valable.

3.2 Autres applications

Cette AOP pourra servir de guide et document de référence à l'AC/310 ainsi qu'à d'autres instances, avec d'autres dictionnaires et glossaires. (Cf. annexe D).

3.3 Mise à jour

Le besoin de l'AC/310 de disposer d'un Glossaire à jour est important. Il y aura inévitablement quelques omissions et des erreurs. Leur identification par les utilisateurs servira à une remise à jour rapide et une amélioration de la présente AOP.

Si pendant les activités de l'AC/310 le besoin de nouveaux termes et de nouvelles définitions d'intérêt global pour l'AC/310 se manifeste, la mise à jour du Glossaire se fera suivant les procédures du Manuel de l'AC/310. Les critères pour les nouveaux termes et définitions sont donnés au §4 ci-après.

Toutes les suggestions des utilisateurs pour améliorer ou compléter le glossaire seront très appréciées. Elles peuvent être adressées au Secrétaire de l'AC/310, Division Support Défence, État Major de l'OTAN, B-1110 Bruxelles, télécopieur 0032 (0)2707 4103 ou e-mail: plan.policy@hq.nato.int.

3.4 Textes de termes et définitions

Les nouveaux termes et définitions devront satisfaire les critères suivants (voir aussi l'AAP-6):

a.   Seul un terme technique ou spécifique ayant une signification dans le domaine de l'AC/310 peut être inclus.

b.   Pour créer un nouveau terme ou une nouvelle définition, le besoin doit être évident. Par conséquent, un terme qui a été défini suffisamment dans l'AAP-6 pourra être reproduit sans être redéfini dans la présente AOP ou les dictionnaires habituels (voir l'annexe D).

c.   Chaque terme et chaque définition doit présenter la forme la plus simple; un substantif doit être au singulier et un verbe à l'infinitif. Ils doivent être aussi succincts que possible.

d.   Une définition doit être exprimée dans un langage simple, clair et correct du point de vue grammatical.

e.   Il ne faudra pas attribuer une définition restrictive à un terme ayant une signification générale.

f.   En outre, les termes et définitions doivent satisfaire les contraintes suivantes:

(1)   Sauf s'il existe une raison valable d'agir autrement, ils ne doivent pas comprendre des acronymes, des abréviations, des formules, des symboles ni des équations.

(2)   Les questions de procédure et toute information non essentielle seront exclues.

(3)   Les qualificatifs entre parenthèses seront exclus.

ACRONYMS / ACRONYMES

This annex gives an inventory and the meaning of acronyms and terms concerning munitions, explosives and munition-weapon system interfaces. Acronyms of non-specialist terms are presented in the concerning NATO publications and in the Handbook AC/310.

Cette annexe fait un inventaire et donne la signification d'acronymes de termes relatifs aux munitions, aux matières et produits explosifs et aux couples arme-munition. Les acronymes des termes non-spécialisés sont présentés dans les publications OTAN en question et dans le Manuel AC/310.

1. English acronyms

Abbreviation	Meaning / French equivalent acronym or term
ALM	Air Launched Munition / MLA
AP	Ammonium Perchlorate / PA
APERS	AntiPERSonnel / APERS
ART	ARTillery / ART
BCI	Bulk Current Injection / injection de courant sur toron
BW	Bridge Wire (initiator) / initiateur à fil chaud
CC	Conducting Composition (cap or initiator) / CC
CFC	Carbon Fibre Composite / composite à fibre de carbone
CFRP	Carbon Fibre Reinforced Plastic / plastique renforcé par des fibres de carbone
DDT	Deflagration to Detonation Transition / TDD
DOST	Demolition charges One-Shot-Two-steps / charges de destruction monocoup bifonction
DP	Design Pressure / pression nominale
DPA	DiPhenylAmine / DPA
EBW	Exploding Bridge Wire (initiator) / DEP à fil explosé
ECWGT	Explosive Component Water Gap Test / épreuve du gap d'eau pour des composants explosifs
EED	Electro-Explosive Device / DEP
EFI	Exploding Foil Initiator ("slapper-detonator") / DEP à élément projeté
EM	Electro-Magnetic / EM
EMI	Electro-Magnetic Interference / interférence électromagnétique
EMOP	Extreme Maximum Operating Pressure / pression extrême maximale en fonctionnement
EMP	Electro-Magnetic Pulse / impulsion électromagnétique
EMR	Electro-Magnetic Radiation / radiation électromagnétique
EMRE	Electro-Magnetic Radiation Environment / environnement de radiations électromagnétiques.
EOD	Explosive Ordnance Disposal / enlèvement et destruction des explosifs
ERM	Electrically Representative Materiel / MER
ESC	Extreme Service Conditions / CUE
ESCP	Extreme Service Condition Pressure / PCUE
ESD	Electro-Static Discharge / décharge électrostatique
ETTL	Equipment Transient Test Level / niveau de test transitoire sur l'équipement
FCE	Firing Capacitor Energy / énergie de mise à feu en condensateur
FME(C)A	Failure Mode Effects (and Criticality) Analysis / AMDE(C)
FTA	Fault Tree Analysis / analyse par arbre de défaillances
GTPS	Space pyrotechnic working group / GTPS

Abbreviation	Meaning / French equivalent acronym or term
HA	Hazard Analysis / analyse des risques
HAZOP	HAZard and OPerability analysis / analyse de risque opérationnelle
HE	High Explosive / explosif
HEM	Hand Emplaced Munition / munition à positionnement manuel
HMX	High Melting Point Explosive (Cyclo-tetramethaline tetranitromine - octogene) / octogène (cyclotétraméthylène- tétranitramine)
HNS	Hexa-Nitro Stilbene / HNS
ICM	Improved Conventional Munition / munition classique améliorée
IEC	International Electrical Committee
IM	Insensitive Munitions / MURAT
ISD	Ignition Safety Device / dispositf de sécurité d'allumage
LCT	Lower Conditioning Temperature / température inférieure de conditionnement
LFT	Lower Firing Temperature / température inférieure de tir
LFTUPP	(Projectile) Lower Firing Temperature Upper Proof Pressure / pression supéri eure d'épreuve (du projectile) à la température inférieure de tir
MIE	Minimum Ignition Energy / énergie d'allumage minimum
MOP	Maximum Operating Pressure (curve) / PMF, CPMF
MNFS	Maximum No-Fire Stimulus (no-fire threshold) / seuil de non-mise à feu
MT	Mechanical Time (fuze) / (fusée) MT, - chronométrique mécanique
MTDS	Manufacture to Target or Disposal Sequence (life cycle) / cycle de vie
MTS	Manufacture to Target Sequence / cycle de vie en service
MV	Muzzle Velocity / vitesse initiale (V_0)
NC	NitroCellulose / NC
NDPA	Nitro-DiPhenylAmine / nitro-diphenylamine
(N)EMP	(Nuclear) ElectroMagnetic Pulse / IEM(N)
NG	NitroGlycerine / NG
NGu	NitroGuanidine / NGu
NTO	3-Nitro 1,2,4 triazole - 5 ONE / ONTA
OB	Ordnance Board (UK) / OB
PD	Point Detonating (fuze) / (fusée) à percussion
PETN	PEnta-erytritol-TetraNitrate / pentrite
PMP	Permissible Maximum Pressure / PMP
PP	Proof Pressure / pression d'épreuve
PROX	PROXimity (fuze) / (fusée) PROX
PTC	Pin-To-Case (mode) / (mode) entre broche et boîtier
PTP	Pin-To-Pin (mode) / (mode) broche à broche
RADHAZ	Radio and Radar RAdiation HAZards / risques liés au rayonnement radio et radar
RDX	Research Department Explosive (cyclonite or trimethylentrinitroamine, hexogene) / hexogène
RF	Radio Frequency / RF
S3	Safety and Suitability for Service / sécurité et aptitude au service
SAD	Safety and Arming Device / DSA
SAU	Safe and Arming Unit / DSA
SCB	Semi-Conductor Bridge (initiator) / DEP à fil semi-conducteur
SDT	Shock-to-Detonation Transition / TCD
S3	Safety and Suitability for Service / sécurité et aptitude au service
SCCS	Safety Critical Computing System / système informatisé critique du point de vue de la sécurité

Abbreviation	Meaning / French equivalent acronym or term
SLM	Surface Launched Munition / MLS
SMP	Safe Maximum Pressure / pression maximale de sécurité
TMA	Thermo-Mechanical Analysis (explosives) / analyse thermo-mécanique
TNT	TriNitroToluene / TNT
UCT	Upper Conditioning Temperature / température supérieure de conditionnenement
UFT	Upper Firing Temperature / température supérieure de tir
UFTUPP	(Projectile) Upper Firing Temperature Upper Proof Pressure / pression supérieure d'épreuve (du projectile) à la température supérieure de tir
ULM	Underwater Launched Munitions / munition à lanceur sous-marin
..UPP	... Upper Proof Pressure (combined with LFT or UFT) / pression maximale d'épreuve
WAS	Weapons and Ammunition Safety manual (Sweden) /
WP	White Phosphorus / phosphore blanc
WTL	Weapon Transient Level / niveau transitoire de l'arme
XDT	eXplosion-to-Detonation Transition / TXD

2. Acronymes dans les textes français

Pour les acronymes anglais dont il n'a pas d'équivalent français, voir §1 ci-dessus.

Acronyme	Signification / Acronyme ou terme anglais équivalents
AMDE(C)	Analyse de Modes de DÉfaillance (et de leur Criticité) / FME(C)A
APERS	AntiPERSonnel / APERS
ART	ARTillerie / ART
CC	Composition Conductrice (amorce) / CC
CPMF	Courbe de Pression Maximale de Fonctionnement / MOP curve
CUE	Conditions d'Utilisation Extrêmes / ESC
DEP	Dispositif Electro-Pyrotechnique / EED
DPA	DiPhenylAmine / DPA
DSA	Dispositif de Sécurité et d'Armement / SAD, SAU
EM	ÉlectroMagnétique / Electro_Magnetic
GTPS	Groupe de Travail de Pyrotechnie Spatiale / space pyrotechnic working group
HNS	HexaNitroSti bène / HNS
IEM(N)	Impulsion ElectroMagnétique (Nucléaire) / (N)EMP
MER	Matériau Electriquement Représentatif / ERM
MLA	Munition à Lanceur Aérien / ALM
MLS	Munition à Lanceur de Surface / SLM
MT	(fusée) Mécanique à Temps, - chronométrique mécanique / MT
MURAT	MUnitions à Risques ATténués / IM
NC	NitroCellulose / NC

Acronyme	Signification / Acronyme ou terme anglais équivalents
NDPA	Nitro-DiPhenylAmine / NDPA
NG	NitroGlycérine / NG
NGu	NitroGuanidine / NGu
OB	Ordnance Board (UK)
ONTA	OxyNitroTriAzole / NTO
PA	Perchlorate d'Ammonium / AP
PCUE	Pression dans les Conditions d'Utilisation Extrêmes / ESCP
PMF	Pression Maximale de Fonctionnement / MOP
PMP	Pression Maximale Permise / PMP
PN	Poudre Noire
PROX	(fusée) de PROXimité / PROX
RF	Radio-Fréquence / RF
TCD	Transition de Choc en Détonation / SDT
TDD	Transition de Déflagration en Détonation / DDT
TNT	TriNitroToluène, tolite / TNT
TXD	Transition d'eXplosion en Détonation (transition d'une réaction retardée ou inconnue en détonation) / XDT
V_0	Vitesse initiale / MV

INDEX OF TERMS / REPERTOIRE DES TERMES

This list comprises terms appearing in Annex C.

Cette liste comprend les termes mentionnés dans l'annexe C.

1. LIST OF TERMS – ENGLISH/FRENCH

A	
accelerated life testing	essai de vieillissement accéléré
acceptable performance	performance acceptable
accident	accident
acoustic circuit	mised a feu acoustique
acoustic mine	mine à dispositif acoustique
action integral	intégrale d'action
action time	durée du coup de feu, temps de bouche
active mine	mine à dispostif actif
actuate	déclencher
actuator	servocommande
air discharge	décharge aérien
air launched munition (ALM)	munition à lanceur aérlen (MLA)
all-arm distance	distance d'armement certain
all-fire level	seuil de mise à feu
all-function level	seuil de fonctionnernent
ammunition	munition de fir
ammunition safety	sécurité munitions
antenna mine	mine à antennas
anti-lift device	dispositif antirelevage
antipersonnel mine	mine antipersonnel
antitank mine	mine antichar
anti-watching device	dispositif anti-repérage
approved design	conception adoptée
arc	arc
arm	armer
armed	armé
armed configuration	configuration armée
armed mine	mine armée
arming	armement
arming delay	retard d'armement
arming delay device	dispositif de réceptivité différée
arming distance	distance d'armement
arming range	distance d'armement
assessment	évaluation
attachment zone	zone d'attachement
augmenting charge	relais (2)
automaton	automate
availability	disponibilité
B	

backblast	souffle an retour
base bleed	réduction de traînée de culot
battleshort	contournement de dispositifs de sécurité
bio-degradation	biodégradation
black powder	poudre noire
blast	souffle
blasting cap	détonateur
blasting machine	exploseur
bonding (1)	adhésivité
bonding (2)	continuité électrique
boobytrap	piège
booster (1)	relais de détonation
booster (2)	propulseur d'appoint
booster and lead explosive	explosif de relais pyrotechnique
booster explosive	explosif de relais (pyrotechnique)
bore safety	sécurité dans l'âme
bottom mine	mine de fond
bouquet mine	mine bouquet
bridge wire (BW) initiator	dispositif électro-pyrotechnique â fil chaud
bulk current injection (BCI)	injection de courant sur un toron
burning	combustion
C	
cannon	canon
cap	alvéole
capture distance	distance de capture
capture radius	rayon de capture
cargo	charge cargo
cartridge	cartouche (1)
cavity	logement
chamber pressure	pression de chambre
characterization	caractérisation
charge	chargement
chemical conversion	conversion chimique
chemical decontamination	décontamination chimique
chemical mine	mine chimique
classification of lightning effects	classement des effets de la foudre
climatic category	catégorie climatique
closed detonation	détonation en milieu fermé
cloud to ground flash	éclair du nuage au sol
coefficient of linear thermal expansion	coefficient d'expansion thermique linéaire
combination circuit	mise de feu combinée
combustion	combustion
commit-to-arm	mise en état de service
common cause failure	désfaillance, de cause commune
common mode failure	défaillance de mode commune
common mode voltage	tension de mode commune
comparison explosive	matière explosive de comparaison
compatibility	compatibilité
complete system test	essai sur système complet
complete weapon test	essai sur arme complet
composite propellant	propergol composite

compressive deformation	déformation en compression
compressive modulus of elasticity	module d'elasticté en compression
compressive proportional limit	limite proportionnelle en compression
compressive rho-point	.....
compressive strain	effort de compression
compressive stress	contrainte en compression
computing system	système informatisé
conducting composition (CC)	composition conductrice (CC)
conducting composition cap	amorce à composition conductrice
confinement	confinement
contact discharge	décharge par contact direct
contact mine	mine à contact
continuing current	courant continu
controlled mine	mine contrôlée
conversion	conversion
cook off	explosion par échauffement, auto-inflammation
corona	effet corona
countermine	contreminer
cratering charge	charge enterrée
credible environment	environnement crédible
creeping mine	mine rampante
critical characteristic	caractéristique critique
critical detonation diameter	diamètre critique pour la détonation
critical item	élément critique
cryogenic exposure	cryofracture
cutting charge	charge découlpante
D	
danger : See 'hazard '	danger
danger area	zone dangereuse (1)
deactivation	désactivation
deflagration	déflagration
deflagration to detonation transition (DDT)	transition de déflagration en détonation (TDD)
degree of safety	degré de sécurité
delay element	retard pyrotechnique (1)
delayed detonation to detonation transition	transition d'une réaction retardée ou inconnue en détonation
demilitarization	démilitarisation
demolition	destruction
demolition accessory	accessoire de destruction
demolition charge	charge de destruction
demolition material	matériel de destruction
demolition store	accessoire, de destruction explosif
demolition sub-system	sous-systéme de destruction
demolition system	systéme cle destruction
dependability	sûreté de fonctionnement
deployment	déploiement
deployment configuration	configuration de déploiement
design pressure (DP)	pression nominale
design principles	principes de conception
design safety guides	directives de sécurité pour la conception
designed safety state	état de sécurité nominal

destruction	destruction
detonating cord	cordeau détonant
detonation	détonation
detonation relay system	Système de rclais de détonation
detonator	amorce-détonateur
deviation	deviation
differential voltage	tension de mode différentiel
diffusion flux	flux de diffusion
dip needle circuit	mise de feu à aiguille aimantée
direct action fuze	fusée percutante
direct strike	coup direct
disarm	désarmement
discriminating circuit	circuit d'analyse
disposal	mise au rebut
distant flash	éclair lointain
dormant	insensible
drifting mine	mine dérivante
drop	chute
drop height	hauteur de chute
dud	raté (1)
durability	durabilité
E	
early burst	éclatement prématuré
effectiveness on target	efficacité sur la cible
electric ignition	allumage électrique
electric initiation	amorçage électrique
electrically representative material (ERM)	matériau électriquement représentatif
electrochemical reduction	réduction électrochimique
electro-explosive device (EED)	dispositif électro-pyrotechnique (DEP)
electromagnetic pulse (EMP)	impulsion électromagnétique
electromagnetic radiation environment (EMRE)	environnement de radiations électromagnétiques
electrostatic charge level	niveau de charge électrostatique
electrostatic discharge (ESID)	décharge électrostatique
embedded software	logiciel intégré an mémoire morte
enable	effacer les sécurités
end-of-life	fin de vie de service
energetic material	matière énergétique
environment	environnement
environmental force	force d'environnement
environmental profile	profil d'environnement
environmental requirement	exigence du point de vue de l'environnement
environmental sensor	détecteur d'environnement
environmental test equipment	équipement d'essais d'environnement
equipment transient test level (ETTL)	niveau d'essais transitoires pour une arme
evaluation	évaluation
event tree	arbre d'événements
event tree analysis	analyse d'arbre d'événements
exercise mine	mine d'exercice
exploder	exploseur
exploding bridge wire (EBW) initiator	dispositif électro-pyrotechnique à fil explosé
exploding foil initiator (EFI)	dispositif électro-pyrotechnique à élément projeté

explosion	explosion
explosion-to-detonation transition (XDT)	transition d'une reaction retardée ou inconnue en détonation(TXD)
explosive	matière explosive
explosive aerosol	explosif combustible-air
explosive component	composant pyrotechnique
explosive material	matière explosive
explosive ordnance disposal (EOD)	enlèvement et destruction des explosifs
explosive slurry	bouillie explosive
explosive train	chaîne pyrotechnique
explosiveness	explosivité
extreme service conditions pressure (ESCP)	pression dans les conditions d'utilisation extrêmes(PCUE)
extreme service environment	environnement extême propre au service
F	
fail-safe	sécurité positive
failure (1)	défaillance
failure (2)	raté
failure cause	cause de défaillance
failure mode	mode de défaillance
failure mode, effects (and criticality) analysis (FMEA, FMECA)	analyse des modes de défaillance, de leurs effets (AMDE) et de leur criticité (AMDEC)
failure probability	probabilité de défaillance
failure probability density	densité de la probabilité de défaillance
failure tolerance	tolérance aux pannes
family of nose fuzes	famille de fusées d'ogive
far field	champ lointain
far field flash	éclair lointain
far field strike	coup de foudre lointain
fast heating	échauffement rapide
fault	défaillance
fault tree analysis (FTA)	analyse d'arbre de défaillance
field impedance	impédance d'onde
field strength	amplitude du champ
film bridge initiator	dispositif électro-pyrotechnique à feuille chaude
final (or type) qualification	homologation finale
fireset	dispositif de mise de feu
firing	mise à feu
firing capacitor	condensateur de mise de feu
firing circuit	circuit de mise de feu
firing control delay	retard de mise à feu
firing control system	systéme de commande de mise à feu
firing energy	énergie de mise à feu
firing interval	intervalle de tir
firing level	niveau de mise à feu
firing rate	cadence de tir
firing stimulus	stimulus de mise à feu.
firing stimulus relay system	système de relais de stimulus de mise à feu
firing system	système de mise à feu
firmware	documentation industrielle
first return stroke	coup en retour initial
flash	éclair

floating mine	mine flottante
forcing function	force d'environnement
Fraunhofer region	zone de Fraunhofer, champ lointain
free fall	chute libre
Fresnel region	zone de Fresnel, champ proche
fuel-air explosive	aérosol explosif
function (1)	fonctionnement
function (2)	faire fonctionner
function level	niveau de fonctionnement
functional stimulus	stimulus de fonctionnement
fuze	fusée, allumeur, bouchon allumeur, dispositif d'amorçage
fuze safety system	système de sécurité de fusée
fuze setter	programmateur de fusée, débouchoir de fusée
fuzing system	système de fusée
G	
gas actuator	pyromécanisme à gaz
gas generator	générateur de gaz
generic role	usage générique
gradient circuit	mise de feu à gradient
ground voltage transient	transitoires de potentiel de masse
guided missile	missile
gun powder	poudre noire
gun propellant	poudre pour armes
H	
hand emplaced munition (HEM)	munition à positionnement manuel
handling	manutention
hardening	renforcer
hazard	danger
hazard analysis	analyse des dangers
hazard and operability (HAZOP) analysis	analyse de risque opérationnelle
hazard level	gravité du danger
hazard probability	probabilité du danger
hazard severity	gravité du danger
hazardous state	état dangereux
high explosive	explosif
hollow charge	charge creuse
homing mine	mine à tête chercheuse
horizontal action mine	mine à effet horizontal
human error	erreur humaine
human failure	défaillance humaine
I	
igniter	allumeur
igniter charge	charge d'allumage
igniting component	composant d'allumage
ignition	allumage
ignition delay	retard d'allumage
ignition safety device (ISD)	dispositif de sécurité d'allumage
ignition system	dispositif d'allumage
ignition train	chaîne d'allumage (1)
IM assessment	évaluation du caractère MURAT

IM signature	signature MURAT
IM technology	technologie MURAT
impact action fuze	fusée percutante
incendiary mix	composition incendiaire
incident	incident
incineration	incinération
independent computer program	programme informatique indépendant
independent safety feature	dispositif de sécuritè indépendant
induced environment	environnement induit
induction circuit	mise de feu à induction
inert	inerte
inert electro-explosive device	dispositif électro-pyrotechnique inerte
inert mine	mine inerte
influence mine	mine à influence
initiation	amorçage
initiation system	dispositif d'initiation
initiator	initiateur, amorce
in-line explosive train	chaîne pyrotechnique non interrompue
insensitive munition (IM)	munition à risques atténués (MURAT)
installed munition	munition installée pour le transport
instrumented electro-explosive device	dispositif électro-pyrotechnique instrumenté
integrated circuit	mise de feu à intégration
intended role	usage générique
intercepted lightning strike	coup de foudre intercepté
interchangeability	interchangeabilité
intercloud flash	décharge internuages
intermediate current	courant intermédiaire
intermediate packaging	conditionnement intermédiaire
intermittent arming device	dispositif de réceptivité intermiteente
interoperability	interopérabilité
interrupted explosive train	chaîne pyrotechnique iriterrompue
interrupter	interrupteur
intracloud flash	décharge intranuage
intrusion	intrusion
irreversible failure	défaillance irréversible
J	
jet	jet
jettison	largage
jettisoned mine	jet de mines à la mar
L	
laser cutting	découpe au laser
laser grooving	fragilisation au laser.
laser initiation	amorçage par laser
launch	lancement
launch cycle	cycle de lancement
launch safety	sécuritéde lancement
launcher	rampe de lancement
lead	relais (1), charge relais
leader	précurseur
life cycle	cycle de vie
lightning attachment zone	zone d'attachement de]a foudre

linear thermal expansion	expansion thermique linéaire
liquid propellant	propergol liquide
loading safety	sécurité de chargement dans l'âme
logic route	chemin logique du système
logistic configuration	configuration logistique
logistic storage	stockage logistique
logistic transportation	transport logistique
look	période de réceptivité
loose cargo munition	munition non-arrimé
lot	lot
lower conditioning temperature (LCT)	température inférieure de conditionnement
lower firing temperature (LFT)	température inférieure de tir
M	
machine compliance	...
magnetic mine	mine magnétitique
main charge	charge principale
main charge high explosive	explosif de chargement
maintainability	maintenabilité
mandatory data	données obligatoires
mandatory test	essai obligatoire
manufacture to target or disposal sequence (MTDS)	cycle de vie
manufacture to target sequence (MTS)	cycle de vie en service
margin analysis	étude de marges
mask safety	sécurité de masque
materiel	matériel
maximum no-fire stimulus (MNFS): See `no-fire threshold	seuil de non-feu`
maximum operating pressure (MOP) curve	courbe de pression maximale de fonctionnement (CPMF)
maximum operation pressure (MOP)	pression maximale de fonctionnement (PMF)
mean power density	densité de puissance moyenne
mechanical situation	situation mécanique
mechanical time fuze (MT fuze)	fusée chronométrique mécanique
meltout	déchargement par coulée
memory integrity	intégrité de la mémoire
meteorological temperature	température atmosphérique
mine	mine
mine clearance	déminage (2)
mine countermeasures	lutte contre les mines
mine disposal	deminage (1)
minimum ignition energy (MIE)	énergie d'allumage minimale
minimum output level	niveau de sortie mininnale
misfire	raté (2)
mishap	accident
missile	projectile autopropulsé
mission critical system	système critique pour la mission
mission profile	profil de mission
mobile mine	mine autopropulsée
molten salt destruction	destruction par sel fondu
moored mine	mine à orin
mortar	mortier
mortar bomb	munition de mortier
mortar design pressure (DP) curve	courbe de pression nominate du tube de mortier

mortar munition	munition de mortier
mortar permissible maximum pressure (PMP) curve	courbe de pression maximale permise (PMP) pour tube de mortiers
mortar proof pressure (PP)	pression d'épreuve de mortier
mortar safe maximum pressure (SMP) curve	courbe de pression maximale de sécurité pour mortier
munition (US ammunition)	munition
munition response	réponse de la munition
muzzle safety	sécurité de bouche
muzzle velocity (MV)	vitesse initiale (V_0)
N	
natural environment	environnement naturel
near field	champ proche
nearby flash	éclair de proximité, décharge de proximité
neutralization	eutralisation
new explosive	matière explosive nouvelle.
new munition	munition nouvelle
no-arm distance	distance de non-armement certain
no-fire threshold	seuil de non-feu
no-fire threshold stimulus	seuil stimulus de non-feu
no-function threshold	seuil de non-fonctionnement
non-interrupted explosive train	chaîne pyrotechnique non interrompue
O	
one-look circuit	mise de feu
open burning	combustion à l'air libre
open detonation	pétardage
open-pit burning	combustion en puits ouvert
operability	opérabilité
operational environment	environnernent opérationnel
operational life	durée de vie opérationnelle
optional data	données complémentaires
optional test	essai facultatif
ordnance	arme et munitions
oscillating mine	mine ludion
overpressure	surpression
oxidation	oxydation
P	
packaged munition	munition conditionnée, munition emballée
part system test	essai sur partie de système
partial detonation	détonation partielle
passive mine	mine passive
patch	patch, mise à jour
path	parcours
payload	charge utile
peak pulse power density	densité de puissance crête d'une impulsion
peak rate of rise	taux de variation crête
peak stress point	...
peer review	revue de programme
performance	performance
permissible maximum pressure (PMP)	pression maximale permise (PMP)
photocatalytic neutralization	neutralisation photocatalitique

pin-to-case mode (PTC mode)	mode broche à boîtier
pin-to-pin mode (PTP mode)	mode broche à broche
plastic explosive	explosif plastique
platform	plate-forme
point detonating fuze (PD fuze)	fusée à percussion
practice mine	mine d'instruction
premature	prématuré
premature function	fonctionnement premeturé
pressure	pression
pressure mine (1)	mine à pression
pressure mine (2)	mine à dépression
primary cartridge	cartouche (2)
primary charge	charge primaire
primary explosive	explosif primaire
primer	amorce, étoupille
production build standard	produit de fabrication courante
projectile	projectile
projectile lower firing temperature upper proof pressure (Projectile LFTUPP)	pression supérieure d'épreuve du projectile à la temperature inférieure de tir
projectile upper firing temperature upper proof pressure (Projectile UFTUPP)	pression supérieure d'épreuve du projectile à la empérature supéreure de tir
proof pressure	pression d'épreuve
propellant	propergol, poudre
propulsion	propulsion
proximity fuze (PROX)	fusée à proximité (PROX)
pulse energy density	densité d'énergic d'une impulsion
pyroshock	choc pyrotechnique
pyrotechnic composition	composition pyrotechnique
pyrotechnic delay	retard pyrotechnique (2)
pyrotechnic train	chaîne d'allumage (2)
Q	
qualification (1)	qualification
qualification (2)	homologation
qualified explosive material	matiére explosive homologuée
R	
radio and radar radiation hazards (RADHAZ)	dangers des rayonnements radio-radar
rate of fire	cadence de tir
reactivation capability	capacité de réactivation
reattachment	réattachement
recovery	récupération
recycling	recyclage
relay	relais
relay box	boîte relais
reliability	fiabilité
render safe	mise an position de sécurité
response	réponse, réaction
response descriptors	réactions types
restrike	décharge secondaire
reuse	réutilisation
reversible failure	défaillance réversible
rifle launched grenade	grenade à fusil

ring set fuze	fusée à anneau
rising mine	mine à flotteur largable
risk	risque
risk analysis	analyse de risque
risk assessment	évaluation des risques
risk control	maîtrise des risques
risk estimation	estimation des risques
risk evaluation	évaluation des risques
risk management	gestion des risques
rocket	roquette
rocket assisted projectile	projectile à propulsion additionnelle
rocket propellant	propergol pour roquette
round	coup complet
S	
sabot	sabot
safe	sécurité
safe fatigue life	durée de vie en fatigue du point de vue de la sécurité
safe jettison	largage de détresse en condition de sécurité
safe jettison test	essai de largage
safe separation	separation en sécurité
safe separation distance	distance de sécurité
safety	sécurité
safety analysis	analyse de risque
safety and arming device (SAD)	dispositif de sécurité et d'armement (DSA)
safety and arming unit (SAU)	dispositif de sécurité et d'armement (DSA)
safety and suitability for service (S3)	sécurité et aptitude au service
safety barrier	barrière de sécurité
safety critical	critique du point de vue de la sécurité
safety critical	critique du point de vue de la sécurité
safety critical computing system (SCCS)	système infornnatisé critique du point de vue de la sécurité
safety critical function	fonction critique du point de vue de la sécurité
safety critical system	système critique du point de vue de la sécurité
safety device	dispositif de sécurité
safety distance	distance de sécurité
safety failure	défaillance de la sécurité
safety feature	dispositif de sécurité
safety fuze	mèche lente
safety kennel	programme interne de sécurité, noyau dur
safety margin	marge de sécurité
safety system	système de s sécurité
safety template	gabarit de sécurité
scuttle	saborder
sea skimmer	missile à trajectoire rasante
secondary explosive	explosif secondaire
secured cargo munition	munition arrimée
self destruction	autodestruction
self-guided missile	missile autoguidé
semi-conductor bridge (SCB) initiator	dispositif électro-pyrotechnique à fil serni- conducteur
sensitiveness	sensibilité (1)
sensitivity	sensibilité (2)

sensor	capteur
service environment	environnement propre au service
service life	durée de vie en service
service life cycle	cycle de vie en service
setter slots (holder, setting)	fentes des débouchoirs (de calage, de réglage)
shall	doit, daivent, il faut
shaped charge	charge formée
shell	obus
shock	choc
shock excitation	décharge oscillatoire
shock tube	tube choc
shock-to-detonation transition (SDT)	transition de choc en détonation (TCD)
should	devrait, devraient, il faudrait
single point failure	défaillance point-unique
slapper detonator	dispositif électro-pyrotechnique à élément projeté
slow heating	échauffement lent
slurry	bouillie explosive
sneak analysis	analyse des causes insidueueses
sneak circuit	circuit insidieux
software	logiciel
solar radiation	rayonnement solaire
spin stabilized	stabilisé par rotation
squib	étoupille
stability	stabilité
stabilizer	stabilisant
standard test	essai normalisé
stand-off	distance de fonctionnernent, distance d'action
sterilization	stérilisation
sterilizer	dispositif de stérilisation
stimulus	stimulus
stimulus level	niveau du stimulus
storage	stockage
storage and transit conditions	conditions de stockage et de transit
storage environment	environnement de stockage
storage life	durée de vie en stockage
stored energy	énergie emmagasinée
strain rate	...
streamer	traceur (2)
strike	coup de foudre
stroke	coup en retour
strong data typing	données en caractères gras
subsequent strokes	coups an retour secondaires
sub-system	sous-système
suitability for service	aptitude au service
surface-launched munition (SLM)	munition à lanceur de surface (MLS)
swept stroke	foudre balayante
sympathetic detonation	détonation par influence
sympathetic reaction	réaction par influence
system	système
system design pressure (system DP)	pression nominale du système
system safety	sécurité système
system safety device	dispositif de sécurité système

system safety program	programme de sécurité du système
T	
tactical storage	stockage tactique
tactical transportation	transport tactique
temperature coefficient	coefficient de temperature
test configuration	configuration d'essais
test directive	directive d'essais
test method	procédure d'essais
test parameter	paramètre d'essais
test plan	plan d'essais
test procedure	procédure d'essais
test sequence	séquence d'essais
test severity	sévérité d'essai
test validation	validation d'un essai
thermal spark	étincelle thermique
thermal time constant	constante de temps thermique
threat : See `hazard	danger.
time fuze	fusée chronométrique
time to reach peak	temps pour atteindre la crête
total duration	durée totale
tracer	traceur
transfer function	fonction de transfert
transportation	transport
triggered lightning strike	impact de foudre déclenché
type I, (II, III, IV, V) reaction See "response descriptors"	réactions type
type qualification: See "qualification or final qualification"	qualification ou homologation finale
U	
unarmed	non armé
underwater - launched munition (ULM)	munition à lanceur sous-marin
underwater munition	munition sous-marine
unsafe area	zone dangereuse (2)
unsafe conditions	conditions d'insécurité
upper conditioning temperature (UCT)	température supérieure de conditionnement
upper firing temperature (UFT)	température supérieure de tir
V	
vibration	vibration
voltage spark	étincelle en tension
W	
waiver	dérogation
warhead	tête militaire
washout	déchargement par lavage
watchdog timer	horloge de surveillance
water jet cutting	découpage par jet d'eau
weapon classes	catégories d'armes
weapon system	système d'arme
weapon transient level (WTL)	niveau transitoire pour une arme
wear life	durée de vie en usure
whole system test	essai sur système complet
wrench slots	fentes de vissage

2.   LISTE DES TERMES -FRANÇAIS/ANGLAIS

A	
accessoire de destruction	demolition accessory
accessoire, de destruction explosif	demolition store
accident	mishap
adhésivité	bonding (1)
aérosol explosif	fuel-air explosive
allumage	ignition
allumage électrique	electric ignition
allumeur (1)	fuze
allumeur (1)	igniter
alvéole	cap
amorçage	initiation
amorçage électrique	electric initiation
amorçage par laser	laser initiation
amorce à composition conductrice	conducting composition cap
amorce, étoupille	primer
amorce-détonateur	detonator
amplitude du champ	field strength
analyse d'arbre de défaillance	fault tree analysis (FTA)
analyse d'arbre d'événements	event tree analysis
analyse de risque	risk analysis / safety analysis
analyse de risque opérationnelle	hazard and operability (HAZOP) analysis
analyse des causes insidueueses	sneak analysis
analyse des dangers	hazard analysis
analyse des modes de défaillance, de leurs effets (AMDE) et de leur criticité (AMDEC)	failure mode, effects (and criticality) analysis (FMEA, FMECA)
aptitude au service	suitability for service
arbre d'événements	event tree
arc	arc
armé	armed
arme et munitions	ordnance
armement	arming
armer	arm
autodestruction	self destruction
automate	automaton
B	
barrière de sécurité	safety barrier
biodégradation	bio-degradation
boîte relais	relay box
bouchon allumeur	fuze
bouillie explosive	explosive slurry
bouillie explosive	slurry
C	
cadence de tir	firing rate / rate of fire
canon	cannon
capacité de réactivation	reactivation capability
capteur	sensor
caractérisation	characterization
caractéristique critique	critical characteristic

cartouche (1)	cartridge
cartouche (2)	primary cartridge
catégorie climatique	climatic category
catégories d'armes	weapon classes
cause de défaillance	failure cause
chaîne d'allumage (1)	ignition train
chaîne d'allumage (2)	pyrotechnic train
chaîne pyrotechnique	explosive train
chaîne pyrotechnique iriterrompue	interrupted explosive train
chaîne pyrotechnique non interrompue	in-line explosive train / non-interrupted explosive train
champ lointain	far field
champ proche	near field
charge cargo	cargo
charge creuse	hollow charge
charge d'allumage	igniter charge
charge de destruction	demolition charge
charge découlpante	cutting charge
charge enterrée	cratering charge
charge formée	shaped charge
charge primaire	primary charge
charge principale	main charge
charge relais	lead
charge utile	payload
chargement	charge
chemin logique du système	logic route
choc	shock
choc pyrotechnique	pyroshock
chute	drop
chute libre	free fall
circuit d'analyse	discriminating circuit
circuit de mise de feu	firing circuit
circuit insidieux	sneak circuit
classement des effets de la foudre	classification of lightning effects
coefficient de temperature	temperature coefficient
coefficient d'expansion thermique linéaire	coefficient of linear thermal expansion
combustion	burning / combustion
combustion à l'air libre	open burning
combustion en puits ouvert	open-pit burning
compatibilité	compatibility
composant d'allumage	igniting component
composant pyrotechnique	explosive component
composition conductrice (CC)	conducting composition (CC)
composition incendiaire	incendiary mix
composition pyrotechnique	pyrotechnic composition
conception adoptée	approved design
condensateur de mise de feu	firing capacitor
conditionnement intermédiaire	intermediate packaging
conditions de stockage et de transit	storage and transit conditions
conditions d'insécurité	unsafe conditions
configuration armée	armed configuration
configuration de déploiement	deployment configuration
configuration d'essais	test configuration

configuration logistique	logistic configuration
confinement	confinement
constante de temps thermique	thermal time constant
continuité électrique	bonding (2)
contournement de dispositifs de sécurité	battleshort
contrainte en compression	compressive stress
contreminer	countermine
conversion	conversion
conversion chimique	chemical conversion
cordeau détonant	detonating cord
coup complet	round
coup de foudre	strike
coup de foudre intercepté	intercepted lightning strike
coup de foudre lointain	far field strike
coup direct	direct strike
coup en retour	stroke
coup en retour initial	first return stroke
coups an retour secondaires	subsequent strokes
courant continu	continuing current
courant intermédiaire	intermediate current
courbe de pression maximale de fonctionnement (CPMF)	maximum operating pressure (MOP) curve
courbe de pression maximale de sécurité pour mortier	mortar safe maximum pressure (SMP) curve
courbe de pression maximale permise (PMP) pour tube de mortiers	mortar permissible maximum pressure (PMP) curve
courbe de pression nominate du tube de mortier	mortar design pressure (DP) curve
critique du point de vue de la sécurité	safety critical
cryofracture	cryogenic exposure
cycle de lancement	launch cycle
cycle de vie	life cycle
cycle de vie en service	service life cycle
D	
daivent	shall
danger	hazard
dangers des rayonnements radio-radar	radio and radar radiation hazards (RADHAZ)
décharge aérien	air discharge
décharge électrostatique	electrostatic discharge (ESID)
décharge internuages	intercloud flash
décharge intranuage	intracloud flash
décharge oscillatoire	shock excitation
décharge par contact direct	contact discharge
décharge secondaire	restrike
déchargement par coulée	meltout
déchargement par lavage	washout
déclencher	actuate
décontamination chimique	chemical decontamination
découpage par jet d'eau	water jet cutting
découpe au laser	laser cutting
défaillance	failure / fault
défaillance de la sécurité	safety failure
défaillance de mode commune	common mode failure

défaillance humaine	human failure
défaillance irréversible	irreversible failure
défaillance point-unique	single point failure
défaillance réversible	reversible failure
déflagration	deflagration
déformation en compression	compressive deformation
degré de sécurité	degree of safety
démilitarisation	demilitarization
deminage (1)	mine disposal
déminage (2)	mine clearance
densité de la probabilité de défaillance	failure probability density
densité de puissance crête d'une impulsion	peak pulse power density
densité de puissance moyenne	mean power density
densité d'énergic d'une impulsion	pulse energy density
déploiement	deployment
dérogation	waiver
désactivation	deactivation
désarmement	disarm
désfaillance, de cause commune	common cause failure
destruction	demolition / destruction
destruction par sel fondu	molten salt destruction
détecteur d'environnement	environmental sensor
détonateur	blasting cap
détonation	detonation
détonation en milieu fermé	closed detonation
détonation par influence	sympathetic detonation
détonation partielle	partial detonation
deviation	deviation
devrait, devraient, il faudrait	should
diamètre critique pour la détonation	critical detonation diameter
directive d'essais	test directive
directives de sécurité pour la conception	design safety guides
disponibilité	availability
dispositif antirelevage	anti-lift device
dispositif anti-repérage	anti-watching device
dispositif d'allumage	ignition system
dispositif d'amorçage	fuze
dispositif de mise de feu	fireset
dispositif de réceptivité différée	arming delay device
dispositif de réceptivité intermiteente	intermittent arming device
dispositif de sécurité	safety device / safety feature
dispositif de sécurité d'allumage	ignition safety device (ISD)
dispositif de sécurité et d'armement (DSA) (1)	safety and arming device (SAD)
dispositif de sécurité et d'armement (DSA) (2)	safety and arming unit (SAU)
dispositif de sécurité indépendant	independent safety feature
dispositif de sécurité système	system safety device
dispositif de stérilisation	sterilizer
dispositif d'initiation	initiation system
dispositif électro-pyrotechnique (DEP)	electro-explosive device (EED)
dispositif électro-pyrotechnique à élément projeté	exploding foil initiator (EFI) / slapper detonator
dispositif électro-pyrotechnique à feuille chaude	film bridge initiator
dispositif électro-pyrotechnique â fil chaud	bridge wire (BW) initiator

dispositif électro-pyrotechnique à fil explosé	exploding bridge wire (EBW) initiator
dispositif électro-pyrotechnique à fil serni- conducteur	semi-conductor bridge (SCB) initiator
dispositif électro-pyrotechnique inerte	inert electro-explosive device
dispositif électro-pyrotechnique instrumenté	instrumented electro-explosive device
distance d'armement	arming distance / arming range
distance d'armement certain	all-arm distance
distance de capture	capture distance
distance de fonctionnernent, distance d'action	stand-off
distance de non-armement certain	no-arm distance
distance de sécurité	safe separation distance / safety distance
documentation industrielle	firmware
doit,	shall
données complémentaires	optional data
données en caractères gras	strong data typing
données obligatoires	mandatory data
durabilité	durability
durée de vie en fatigue du point de vue de la sécurité	safe fatigue life
durée de vie en service	service life
durée de vie en stockage	storage life
durée de vie en usure	wear life
durée de vie opérationnelle	operational life
durée du coup de feu, temps de bouche	action time
durée totale	total duration
E	
échauffement lent	slow heating
échauffement rapide	fast heating
éclair	flash
éclair de proximité, décharge de proximité	nearby flash
éclair du nuage au sol	cloud to ground flash
éclair lointain	distant flash /far field flash
éclatement prématuré	early burst
effacer les sécurités	enable
effet corona	corona
efficacité sur la cible	effectiveness on target
effort de compression	compressive strain
élément critique	critical item
énergie d'allumage minimale	minimum ignition energy (MIE)
énergie de mise à feu	firing energy
énergie emmagasinée	stored energy
enlèvement et destruction des explosifs	explosive ordnance disposal (EOD)
environnement	environment
environnement crédible	credible environment
environnement de radiations électromagnétiques	electromagnetic radiation environment (EMRE)
environnement de stockage	storage environment
environnement extême propre au service	extreme service environment
environnement induit	induced environment
environnement naturel	natural environment
environnement propre au service	service environment
environnernent opérationnel	operational environment
équipement d'essais d'environnement	environmental test equipment
erreur humaine	human error

essai de largage	safe jettison test
essai de vieillissement accéléré	accelerated life testing
essai facultatif	optional test
essai normalisé	standard test
essai obligatoire	mandatory test
essai sur arme compète	whole weapon test
essai sur partie de système	part system test
essai sur système complet	whole system test
estimation des risques	risk estimation
état dangereux	hazardous state
état de sécurité nominal	designed safety state
étincelle en tension	voltage spark
étincelle thermique	thermal spark
étoupille	squib
étude de marges	margin analysis
évaluation	assessment evaluation
évaluation des risques	risk assessment / risk evaluation
évaluation du caractère MURAT	IM assessment
exigence du point de vue de l'environnement	environmental requirement
expansion thermique linéaire	linear thermal expansion
exploseur	exploder / blasting machine
explosif	high explosive
explosif combustible-air	explosive aerosol / fuel-air explosive
explosif de chargement	main charge high explosive
explosif de relais pyrotechnique	booster and lead explosive
explosif plastique	plastic explosive
explosif primaire	primary explosive
explosif secondaire	secondary explosive
explosion	explosion
explosion par échauffement,	cook off
explosivité	explosiveness
F	
faire fonctionner	function
famille de fusées d'ogive	family of nose fuzes
fentes de vissage	wrench slots
fentes des débouchoirs (de calage, de réglage)	setter slots (holder, setting)
fiabilité	reliability
fin de vie de service	end-of-life
flux de diffusion	diffusion flux
fonction critique du point de vue de la sécurité	safety critical function
fonction de transfert	transfer function
fonctionnement	function
fonctionnement prematuré	premature function
force d'environnement	environmental force / forcing function
foudre balayante	swept stroke
fragilisation au laser.	laser grooving
fusée à anneau	ring set fuze
fusée à percussion	point detonating fuze (PD fuze)
fusée à proximité (PROX)	proximity fuze (PROX)
fusée chronométrique	time fuze
fusée chronométrique mécanique	mechanical time fuze (MT fuze)

fusée percutante	direct action fuze / impact action fuze
fusée, allumeur	fuze
G	
gabarit de sécurité	safety template
générateur de gaz	gas generator
gestion des risques	risk management
gravité du danger	hazard level / hazard severity
grenade à fusil	rifle launched grenade
H	
hauteur de chute	drop height
homologation	qualification (2)
homologation finale	final (or type) qualification
horloge de surveillance	watchdog timer
I	
igniter	igniter
il faut	shall
impact de foudre déclenché	triggered lightning strike
impédance d'onde	field impedance
impulsion électromagnétique	electromagnetic pulse (EMP)
incident	incident
incinération	incineration
inerte	inert
initiateur, amo rce	initiator
injection de courant sur un toron	bulk current injection (BCI)
insensible	dormant
intégrale d'action	action integral
intégrité de la mémoire	memory integrity
interchangeabilité	interchangeability
interopérabilité	interoperability
interrupteur	interrupter
intervalle de tir	firing interval
intrusion	intrusion
J	
jet	jet
jet de mines à la mar	jettisoned mine
L	
lancement	launch
largage	jettison
largage de détresse en condition de sécurité	safe jettison
limite proportionnelle en compression	compressive proportional limit
logement	cavity
logiciel	software
logiciel intégré an mémoire morte	embedded software
lot	lot
lutte contre les mines	mine countermeasures
M	
maintenabilité	maintainability
maîtrise des risques	risk control
manutention	handling

marge de sécurité	safety margin
matériau électriquement représentatif	electrically representative material (ERM)
matériel	materiel
matériel de destruction	demolition material
matiére énergétique	energetic material
matiére explosive	explosive material
matiére explosive de comparaison	comparison explosive
matiére explosive homologuée	qualified explosive material
matiére explosive nouvelle.	new explosive
mèche lente	safety fuze
mine	mine
mine à antennas	antenna mine
mine à contact	contact mine
mine à dépression	pressure mine (2)
mine à dispositif acoustique	acoustic mine
mine à dispostif actif	active mine
mine à effet horizontal	horizontal action mine
mine à flotteur largable	rising mine
mine à influence	influence mine
mine à orin	moored mine
mine à pression	pressure mine (1)
mine à tête chercheuse	homing mine
mine antichar	antitank mine
mine antipersonnel	antipersonnel mine
mine armée	armed mine
mine autopropulsée	mobile mine
mine bouquet	bouquet mine
mine chimique	chemical mine
mine contrôlée	controlled mine
mine de fond	bottom mine
mine dérivante	drifting mine
mine d'exercice	exercise mine
mine d'instruction	practice mine
mine flottante	floating mine
mine inerte	inert mine
mine ludion	oscillating mine
mine magnétitique	magnetic mine
mine passive	passive mine
mine rampante	creeping mine
mise à feu	firing
mise an position de sécurité	render safe
mise au rebut	disposal
mise de feu	one-look circuit
mise de feu à aiguille aimantée	dip needle circuit
mise de feu à gradient	gradient circuit
mise de feu à induction	induction circuit
mise de feu à intégration	integrated circuit
mise de feu combinée	combination circuit
mise en état de service	commit-to-arm
mised a feu acoustique	acoustic circuit
missile	guided missile
missile à trajectoire rasante	sea skimmer

missile autoguidé	self-guided missile
mode broche à boîtier	pin-to-case mode (PTC mode)
mode broche à broche	pin-to-pin mode (PTP mode)
mode de défaillance	failure mode
module d'elasticté en compression	compressive modulus of elasticity
mortier	mortar
munition	munition (US ammunition)
munition à lanceur aérlen (MLA)	air launched munition (ALM)
munition à lanceur de surface (MLS)	surface-launched munition (SLM)
munition à lanceur sous-marin	underwater - launched munition (ULM)
munition à positionnement manuel	hand emplaced munition (HEM)
munition à risques atténués (MURAT)	insensitive munition (IM)
munition arrimée	secured cargo munition
munition conditionnée, munition emballée	packaged munition
munition de fir	ammunition
munition de mortier	mortar bomb / mortar munition
munition installée pour le transport	installed munition
munition non-arrimé	loose cargo munition
munition nouvelle	new munition
munition sous-marine	underwater munition
N	
neutralisation	neutralization
neutralisation photocatalitique	photocatalytic neutralization
niveau de charge électrostatique	electrostatic charge level
niveau de fonctionnement	function level
niveau de mise à feu	firing level
niveau de sortie mininnale	minimum output level
niveau d'essais transitoires pour une arme	equipment transient test level (ETTL)
niveau du stimulus	stimulus level
niveau transitoire pour une arme	weapon transient level (WTL)
non armé	unarmed
O	
obus	shell
opérabilité	operability
oxydation	oxidation
P	
paramètre d'essais	test parameter
parcours	path
patch, mise à jour	patch
performance	performance
performance acceptable	acceptable performance
période de réceptivité	look
pétardage	open detonation
piège	boobytrap
plan d'essais	test plan
plate-forme	platform
poudre	proprllant: Voir propergol
poudre noire	black powder / gun powder
poudre pour armes	gun propellant
précurseur	leader

prématuré	premature
pression	pressure
pression dans les conditions d'utilisation extrêmes(PCUE)	extreme service conditions pressure (ESCP)
pression de chambre	chamber pressure
pression d'épreuve	proof pressure
pression d'épreuve de mortier	mortar proof pressure (PP)
pression maximale de fonctionnement (PMF)	maximum operation pressure (MOP)
pression maximale permise (PMP)	permissible maximum pressure (PMP)
pression nominale	design pressure (DP)
pression nominale du système	system design pressure (system DP)
pression supérieure d'épreuve du projectile à la temperature inférieure de tir	projectile lower firing temperature upper proof pressure (Projectile LFTUPP)
pression supérieure d'épreuve du projectile à la température supéreure de tir	projectile upper firing temperature upper proof pressure (Projectile UFTUPP)
principes de conception	design principles
probabilité de défaillance	failure probability
probabilité du danger	hazard probability
procédure d'essais	test method / test procedure
produit de fabrication courante	production build standard
profil de mission	mission profile
profil d'environnement	environmental profile
programmateur de fusée, débouchoir de fusée	fuze setter
programme de sécurité du système	system safety program
programme informatique indépendant	independent computer program
programme interne de sécurité, noyau dur	safety kennel
projectile	projectile
projectile à propulsion additionnelle	rocket assisted projectile
projectile autopropulsé	missile
propergol composite	composite propellant
propergol liquide	liquid propellant
propergol pour roquette	rocket propellant
propergol, poudre	propellant
propulseur d'appoint	booster (2)
propulsion	propulsion
pyromécanisme à gaz	gas actuator
Q	
qualification	qualification (1)
qualification ou homologation finale	type qualification: See "qualification or final qualification"
R	
rampe de lancement	launcher
raté (1)	dud
raté (2)	misfire / failure
rayon de capture	capture radius
rayonnement solaire	solar radiation
réaction par influence	sympathetic reaction
réactions type	type I, (II, III, IV, V) reaction
réactions types	response descriptors
réattachement	reattachment
récupération	recovery

recyclage	recycling
réduction de traînée de culot	base bleed
réduction électrochimique	electrochemical reduction
relais (1)	lead
relais (2)	augmenting charge
relais de détonation	booster (1)
renforcer	hardening
réponse de la munition	munition response
réponse, réaction	response
retard d'allumage	ignition delay
retard d'armement	arming delay
retard de mise à feu	firing control delay
retard pyrotechnique (1)	delay element
retard pyrotechnique (2)	pyrotechnic delay
réutilisation	reuse
revue de programme	peer review
risque	risk
roquette	rocket
S	
saborder	scuttle
sabot	sabot
sécurité	safety
sécurité dans l'âme	bore safety
sécurité de bouche	muzzle safety
sécurité de chargement dans l'âme	loading safety
sécurité de masque	mask safety
sécurité et aptitude au service	safety and suitability for service (S3)
sécurité munitions	ammunition safety
sécurité positive	fail-safe
sécurité système	system safety
sécuritéde lancement	launch safety
sensibilité (1)	sensitiveness
sensibilité (2)	sensitivity
separation en sécurité	safe separation
séquence d'essais	test sequence
servocommande	actuator
seuil de fonctionnernent	all-function level
seuil de mise à feu	all-fire level
seuil de non-feu	no-fire threshold
seuil de non-fonctionnement	no-function threshold
seuil stimulus de non-feu	no-fire threshold stimulus
sévérité d'essai	test severity
signature MURAT	IM signature
situation mécanique	mechanical situation
souffle	blast
souffle an retour	backblast
sous-système	sub-system
sous-systéme de destruction	demolition sub-system
stabilisant	stabilizer
stabilisé par rotation	spin stabilized
stabilité	stability

stérilisation	sterilization
stimulus	stimulus
stimulus de fonctionnement	functional stimulus
stimulus de mise à feu.	firing stimulus
stockage	storage
stockage logistique	logistic storage
stockage tactique	tactical storage
sûreté de fonctionnement	dependability
surpression	overpressure
système	system
systéme cle destruction	demolition system
système critique du point de vue de la sécurité	safety critical system
système critique pour la mission	mission critical system
système d'arme	weapon system
systéme de commande de mise à feu	firing control system
systéme de fusée	fuzing system
systéme de mise à feu	firing system
système de rclais de détonation	detonation relay system
système de relais de stimulus de mise à feu	firing stimulus relay system
système de s sécurité	safety system
système de sécurité de fusée	fuze safety system
système informatisé	computing system
système infornnatisé critique du point de vue de la sécurité	safety critical computing system (SCCS)
T	
taux de variation crête	peak rate of rise
technologie MURAT	IM technology
température atmosphérique	meteorological temperature
température inférieure de conditionnement	lower conditioning temperature (LCT)
température inférieure de tir	lower firing temperature (LFT)
température supérieure de conditionnement	upper conditioning temperature (UCT)
température supérieure de tir	upper firing temperature (UFT)
temps pour atteindre la crête	time to reach peak
tension de mode commune	common mode voltage
tension de mode différentiel	differential voltage
tête militaire	warhead
tolérance aux pannes	failure tolerance
traceur (1)	tracer
traceur (2)	streamer
transition de choc en détonation (TCD)	shock-to-detonation transition (SDT)
transition de déflagration en détonation (TDD)	deflagration to detonation transition (DDT)
transition d'une réaction retardée ou inconnue en détonation	delayed detonation to detonation transition
transition d'une reaction retardée ou inconnue en détonation(TXD)	explosion-to-detonation transition (XDT)
transitoires de potentiel de masse	ground voltage transient
transport	transportation
transport logistique	logistic transportation
transport tactique	tactical transportation
tube choc	shock tube
U	

usage générique	generic role / intended role
V	
validation d'un essai	test validation
vibration	vibration
vitesse initiale (V_0)	muzzle velocity (MV)
Z	
zone dangereuse (1)	danger area
zone dangereuse (2)	unsafe area
zone d'attachement	attachment zone
zone d'attachement de]a foudre	lightning attachment zone
zone de Fraunhofer, champ lointain	Fraunhofer region
zone de Fresnel, champ proche	Fresnel region

3. INTERRELATIONSHIPS BETWEEN TERMS / RAPPORTS ENTRE TERMES

These overviews are intended to demonstrate the relationships between terms applicable in some special areas of concern, and the relations between English and French terminilogy. /

Le but de ces récapitulations est de démontrer les relations entre les termes qui sont applicables dans quelques domaines spécifiques, ainsi que les relations entre les termes anglais et français.

3.1 Explosive Reactions / Réactions Pyrotechniques

ENERGETIC MATERIAL / MATIÈRE ÉNERGÉTIQUE	APPLICATION / APPLICATION	TYPE OF REACTION / TYPE DE RÉACTION	INITIATION / INITIATION	INITIATOR / INITIATEUR	INITIATING CHARGE / CHARGE D'INITIATION
- explosive - matière explosive	see below voir ci-dessous	- chemical explosion - explosion chimique	see below voir ci-dessous	- initiator - initiateur	see below voir ci-dessous
- high explosive - explosif	- main charge - charge principale	- detonation (super-sonic; shock wave) - détonation (supersonique; onde de choc)	- initiation - amorçage - initiation	- booster - lead - relais d'amorçage - (charge) relais	- primary or secondary explosive - explosif primaire ou secondaire
- secondary explosive - explosif secondaire	- booster - lead - fuze / initiating system - detonator - relais d'amorçage - (charge) relais - système de fusée/dispositif d'amorçage - détonateur	- detonation (super-sonic; shock w ave) - détonation (supersonique; onde de choc)	- initiation - amorçage – initiation	- initiator - primer - initiateur - bouchon-allumeur	- primary explosive - explosif primaire
- primary explosive - explosif primaire	- cap - primer - fuze/initiation system - detonator - amorce - système de fusées/init. - détonateur	- sensitive - sensible	- initiation - amorçage - initiation	- external stimulus - stimulus externe	

ENERGETIC MATERIAL MATIÈRE ÉNERGÉTIQUE	APPLICATION APPLICATION	TYPE OF REACTION TYPE DE RÉACTION	INITIATION INITIATION	INITIATOR INITIATEUR	INITIATING CHARGE CHARGE D'INITIATION
- propellant	- propelling charge - rocket motor - propulsor	- deflagration (subsonic, heat flux),combustion, burning	- ignition	- primer	
- poudre - propergol	- charge propulsive - cartouche (mortier) - propulseur - moteur de roquette	- déflagration, combustion	- allumage	- allumeur - cartouche - TPA?	
- pyrotechnic	- illuminating, incendiary, smoke elements - delay element	- deflagration (subsonic, heat flux), combustion, burning	- ignition	- primer	- ignition charge - primary charge
-composition pyro-technique	- éléments éclairants, incendiares, fumigènes - retard pyrotechnique	- déflagration, combustion	- allumage	- allumeur	- charge d'allumage - charge primaire

explosive train	=	chaîne pyrotechnique :	detonation, deflagration, combustion (burning) /détonation, déflagration, combustion
	=	chaîne explosive :	detonation / détonation
pyrotechnic train	=	chaîne d'allumage :	deflagration, combustion (burning) / déflagration, combustion

3.2 Initiation Systems and Components - *Systèmes d'amorçage et composants*

ITEM / ARTICLE		APPLICATION	
ENGLISH	*FRANÇAIS*	ENGLISH	*FRANÇAIS*
fuze [1]	*fusée [1]*	artillery & mortar projectiles, rifle grenades, bombs	*projectiles d'artillerie et de mortier, grenades à fusil, bombes*
fuze	*bouchon allumeur*	hand grenades	*grenades à main*
fuzing system	*système de fusée*	warheads of self-propelled munitions, munition systems	*munitions autopropulsées, systèmes de munition*
initiation system	*dispositif d'amorçage*	see "fuzing system" and "ignition system"	*voir "système de fusée" et "système d'allumage"*
ignition system	*système d'allumage*	propelling charges, propulsion systems, pyrotechnic charges	*charges propulsives, systèmes de propulsion, charges pyrotechniques*
firing system	*système de mise à feu*	weapon systems, demolition systems	*systèmes d'arme, systèmes de destruction*

3.3 Projectiles and Missiles / Projectiles et misiles

---

[1] point detonating-, time -, proximity fuzes / *fusée à percussion, - chronométrique, - à proximité*

ENGLISH	FRANÇAIS	DURING FLIGHT / EN VOL	
		PROPULSION/ PROPULSION	GUIDANCE / GUIDANCE
projectile	projectile	no / non	no-yes / non-oui
rocket	roquette	yes / oui	no / non
missile	Projectile autopropulsé	yes / oui	no-yes / non-oui
guided missile	missile	yes / oui	yes / oui

3.4   ENVIRONMENT (acceptor) / ENVIRONNEMENT (récepteur)

EVENTS & SITUATIONS ÉVÉNEMENTS & SITUATIONS		ENVIRONMENT ENVIRONNEMENT		TIME SPACE PÉRIODE	
ENGLISH	FRANÇAIS	ENGLISH	FRANÇAIS	ENGLISH	FRANÇAIS
life cycle (MTDS)	cycle de vie	-	-	life time[1]	durée de vie[1]
service life cycle (MTS)	cycle de vie en service	service environment	environnement propre au service	service life[2]	durée de vie[2]
-	-	storage and transit conditions (logistics)	conditions de stockage et de transit (logistiques)	storage life	durée de vie en stockage
-	-	operational conditions & training	conditions opérationnelles & entrainement	operational life	durée de vie opérationnelle
final use or disposal	consommation ou mise au rebut	-	-	end of life	fin de vie

---

[1] including manufacture, service life and end of life / Icomprend fabrication, durée de vie en service et fin de vie
[2]. including storage life and operational life / comprend durée de vie en stockage et durée de vie opérationnelle

3.5 Statisitics / *Statistique*

	TERM *TERME*	STIMULUS RANGE *PLAGE DU STIMULUS*	CONFIDENCE LEVEL – RISK *NIVEAU DE CONFIANCE – RISQUE*	
- function level - firing level	*- niveau de fonctionnement* *- niveau de mise de feu*	min - max	reliability and/or safety	*fiabilité et/ou sécurité*
- all-function level - all-fire level	*- seuil de fonctionnement* *- seuil de mise de feu*	high / *élevé*	reliability	*fiabilité*
- no-function threshold - no-fire threshold [1]	*- seuil de non-fonctionnement* *- seuil de non-mise de feu* [1]	low / *bas*	safety	*sécurité*
functional stimulus	*stimulus de fonctionnement*	-	-	-
safety margin	*marge de sécurité*	min - max	-	-

3.6 Internal Ballistics / *Balistique intérieure*

TERM / TERME		APPLICATION	
ENGLISH	*FRANÇAIS*	ENGLISH	*FRANÇAIS*
system design pressure (System DP)	*pression nominale du système (DP du système)*	minimum - weapon and munitions	*minimum - arme et munitions*
maximum operation pressure (MOP)	*pression maximale de fonctionnement (PMF)*	canon systems	*systèmes de canon*
maximum operating pressure (MOP) curve	*courbe de pression maximale de fonctionnement (CPMF)*	mortars	*mortiers*
mortar design pressure (DP) curve	*courbe de pression nominale du tube de mortier*	max - mortar tube	*maxi – tube mortier*
permissible maximum pressure (PMP)	*pression maximale permise (PMP)*	max - weapon or munitions	*maxi – arme ou munitions*
mortar permissible maximum pressure (PMP) curve	*courbe de pression maximale permise pour tube de mortiers (PMP)*	max - mortar tube PMP < DP	*maxi – tube mortier PMP < pression nominale*
mortar safe maximum pressure (SMP) curve	*courbe de pression maximale de sécurité pour mortier*	max - mortar tube (no permanent deformation)	*maxi – tube mortier (pas de déformation permanente)*
proof pressure	*pression d'épreuve*		

---

[1] Alternative terms: MNFS, minimum ignition energy / *Terme alternatif: énergie minimale d'allumage*

TERM / TERME		APPLICATION	
ENGLISH	*FRANÇAIS*	ENGLISH	*FRANÇAIS*
mortar proof pressure (PP)	*pression d'épreuve de mortier*	mortar tubes	*tubes mortier*
projectile lower firing temperature upper proof pressure (Projectile LFTUPP)	*pression supérieure d'épreuve du projectile à la température inférieure de tir (LFTUPP du projectile)*	cannon and mortar projectiles	*projectiles canon et mortier*
projectile upper firing temperature upper proof pressure (Projectile UFTUPP) /*	*pression supérieure d'épreuve du projectile à la température supérieure de tir (UFTUPP du projectile)*	cannon and mortar projectiles	*projectiles canon et mortier*
lower conditioning temperature (LCT)	*température inférieure de conditionnement (LCT)*	any test item	*tout spécimen d'essais*
upper conditioning temperature (UCT)	*température supérieure de conditionnement (UCT)*	any test item	*tout spécimen d'essais*
lower firing temperature (LFT)	*température inférieure de tir (LFT)*	any test item	*tout spécimen d'essais*
upper firing temperature (UFT)	*température supérieure de tir (UFT)*	any test item	*tout spécimen d'essais*

TERMS AND DEFINITIONS / TERMES ET DÉFINITIONS

The description of each term embraces:

- the term;

- the definition(s);

- elucidations and alternative definitions;

- within brackets [ ]: related terms -synonyms are marked with an asterisk; and

- reference to source documents and other documents specifically related to the subject term. [1]

The definitions are generally applicable to military materiel, weapon systems, munitions and explosives, unless a restriction is given in front of the definition or within the text of the definition. If a definition applies to materiel in general, it applies also to weapon systems and munitions. If a definition applies to weapon systems, it applies also to munitions. Terms and definitions dedicated to fuzing systems are in most cases applicable to fuzes, initiating systems, ignition systems and firing systems.
A term with several connotations is qualified as such, e.g., *"Cannon and mortar ammunition"*.
If a definitions has been copied without change from a source document, the reference to that source document is within brackets (..) immediatley after the definition. Other sources are referred to by "See also .." or "Ref. ... ".

La description de chaque terme comprend:

- le terme;
- la ou les définitions;
- des éclaircissements et des définitions alternatives;
- entre parenthèses [ ], des termes apparentés – les synonymes sont marqués d'un astérisque, et
- les références aux documents d'origine et aux autres documents concernant le terme en question. [1]

Les définitions sont généralement applicables aux matériels militaires, systèmes d'arme, munitions ou matières explosives, sauf si une restriction est donnée en tête ou dans le texte de la définition. Si une définition est applicable à du matériel en général, elle est également applicable aux systèmes d'arme et aux munitions. Si une définition est applicable aux systèmes d'arme, elle est également applicables aux munitions. Les termes et définitions consacrés aux systèmes de fusée sont, dans le plupart des cas, aussi applicables aux fusées, dispositifs d'amorçage, dispositifs d'allumage et aux systèmes de mise à feu.

Si un terme a plusieurs significations différentes, l'application de la définition sera précisée, par exemple *"Munitions pour canons et mortiers:..."*.
Dans le cas une définition a été eprise du document d'origine sans modification, la référence est donnée immédiatement après la définition et entre parenthèses (..). D'autres sources sont indiquées "Voir aussi .. " ou "Réf. ... ".

---

[1] For a STANAG only its number is mentioned. The "Glossary of Terms of the Ordnance Board (UK) is mentioned only as 'OB'; the "Dictionnaire de Pyrotechnie of the GTPS (FR) only as 'GTPS'.

Pour les STANAG seulement le numéro est mentionné. Le The "Glossary of Terms of the Ordnance Board (UK) est indiqué comme 'OB'; le "Dictionnaire de Pyrotechnie du GTPS" (FR) comme "GTPS".

accelerated life testing	**essai de vieillissement accéléré**
Exposure of materiel under laboratory conditions to more severe environmental stresses than those experienced in service life and which are expected to reproduce the same degradation as those which are expected during the life cycle of the materiel.	Exposition en laboratoire d'un matériel à des conditions d'environnement plus sévères que celles qu'il subira pendant la durée de vie en service et sont attendues pendant le cycle de vie, et qui sont sensées de reproduire les mêmes dégradations du matériel.
1. Deterioration mechanisms are: chemical reactions, mechanical fatigue, influence of moisture, etc.	1. Des mécanismes de dégradation sont: des réactions chimiques, fatigue mécanique, influence d'humidité, etc.
2. Models are often used to calculate special test severities for accelerated life testing (e.g., Arrhenius, Weibull, Mie).	2. Des modèles sont souvent appliqués pour calculer des niveaux plus sévères pour les essais de vieillissement accéléré (p.ex. Arrhenius, Weibull, Mie).
acceptable performance	**performance acceptable**
The ability of materiel to perform its prime functions. The minimum level of performance which is acceptable should be stated in the requirements documents.	Aptitude d'un matériel à remplir ses fonctions principales. Le niveau minimal de performance acceptable doit être indiqué dans les spécifications.
[suitability for service, reliability]	[aptitude au service, fiabilité]
accident: See "mishap".	**accident -**
action integral - *Lightning*: See STANAG 4236.	**intégrale d'action** - *Foudre*: Voir STANAG 4236.
acoustic circuit	**mise de feu acoustique**
Mines: A mine circuit which responds to the acoustic field of the target. (AAP-6)	*Mines*: Mise de feu conçue pour répondre au champ acoustique d'un objectif. (AAP/6)
acoustic mine	**mine à dispositif actif**
Sea mines: A mine with an acoustic circuit which responds to the acoustic signature of a ship. See also AAP-6	*Mines navales:* Mine dont la mise de feu est actionnée par la signature acoustique d'un bâtiment. Voir aussi AAP-6.
action time	**durée du coup de feu**
The elapsed time from application of primer initiation energy to the moment of projectile base exit from the muzzle of the barrel.	Temps s'écoulant entre l'application de l'énergie d'initiation de l'amorce et le moment où le culot du projectile sort de la bouche du canon.
[firing interval* , ignition delay] Ref: 4224, 4493.	[temps de bouche*, délai de mise à feu] Réf: 4224, 4493.
active mine	**mine à dispositif actif**
A mine actuated by the reflection from a target of a signal emitted by the mine. (AAP-6)	Mine déclenchée par la réflexion sur un objectif d'un signal qu'elle émet. (AAP-6)
[passive mine]	[mine passive]
actuate	**déclencher**
Mines: To operate a mine-firing system by an influence or a series of influences in such a way that all the requirements of the mechanism for firing or for registering a target count, are met. (AAP-6)	*Mines*: Faire fonctionner la mise de feu d'une mine par action à distance, ou une série d'actions à distance, de manière à remplir toutes les conditions requises pour que cette mise de feu fonctionne ou que le compteur des objectifs avance d'un cran. (AAP-6)

actuator A mechanism that furnishes the force required to displace a control surface or other control element. (AAP/6) [gas actuator]	**servocommande** Dispositif fournissant la force nécessaire au déplacement d'une gouverne ou de toute autre appareil de commande, [pyromécanisme à gaz]
air discharge A transfer of electrical charge through the air between bodies of different electrical potential. [electrostatic discharge, contact discharge] Ref. 4235.	**décharge aérien** Transfert d'une charge électrostatique dans l'air entre des corps de potentiels électrostatiques différents. [décharge électrostatique, décharge par contact direct] Réf. 4235.
air launched munition (ALM) Any device containing explosive materials, which is launched or released from an aircraft, with the exception of aircraft gun ammunition. Ref: 4325.	**munition à lanceur aérien (MLA)** Tout dispositif contenant des matières explosives, lancé ou largué d'un aéronef, à l'exception des munitions de canon d'aéronef. Réf: 4325.
all-arm distance After firing the munition, the minimum distance between the weapon and the launched munition where the fuze is armed. [arming delay : armed] Ref : AOP-20.	**distance d'armement certain** Distance minimale entre l'arme et la munition pour laquelle la fusée est armée après tir. [fiabilité, distance de non-armement certain] Réf : AOP-20
all-fire level The value of a stimulus which, under specified conditions, is predicted to cause an explosive material or an explosive component to function, with a stated probability . 1. This value is statistically expressed as the lowest level of the functional stimulus (e.g., energy, impulse, drop height) at which the probability of firing is sufficiently high (e.g., $1-10^{-2}$ at a specified level of confidence: e.g., 95%, 1-sided lower level.) 2. The all-fire threshold is a function of the type of stimulus. [all-function level, firing level, reliability, stimulus level, no-fire threshold]	**seuil de mise à feu** Valeur d'un stimulus dans des conditions spécifiées, le fonctionnement d'une matière explosive ou d'un composant pyrotechnique, avec une probabilité spécifiés. 1. La valeur est exprimée en termes statistiques comme le niveau minimal du stimulus de fonctionnement (énergie, impulsion, hauteur de chute. auquel la probabilité de mise à feu est suffisamment grande (p.e. 1% avec un degré de confiance spécifié: p.e. 95%, unilatéral, niveau le plus bas). 2. Le seuil de mise à feu est fonction du type de stimulus. [seuil de fonctionnement, niveau de fonctionnement, fiabilité, niveau du stimulus, seuil de non-mise à feu]
all-function level The minimum value of a stimulus which, under specified conditions, is predicted to cause a device or component to function, with a stated probability and confidence level. The "all-fire level" is the all-function level of explosive events. [stimulus level, no function level]	**seuil de fonctionnement** Valeur minimale d'un stimulus, dont il est attendu ou démontré qu'il provoquera, dans des conditions spécifiées, le fonctionnement d'un dispositif ou d'un composant, avec une probabilité spécifiée et un niveau de confidence spécifiés. Le "seuil de mise à feu" est le seuil de fonctionnement des événements pyrotechniques. [niveau du stimulus, seuil de non-fonctionnement]

ammunition An item containing one or more projectiles, together with propellant needed to impart velocity to the projectile(s) which are propelled from a reusable launcher. The projectiles may be a inert or contain a high explosive, smoke generator or other energetic composition. The launcher may be a gun. The NATO and US term "ammunition" covers "munition" as defined in this glossary. Ammunition is a sub-set of munitions. [munition].	**munition de tir** Article contenant un ou plusieurs projectiles avec le propergol nécessaire pour communiquer de la vitesse au(x) projectile(s) tirés d'un lanceur réutilisable. Les projectiles peuvent être inertes ou chargés d'explosifs, fumigène ou autre substance énergétique. Le terme "munition" couvre l'anglais "munition" et "ammunition".
ammunition safety : See "safety".	**sécurité munitions** : Voir "sécurité".
antenna mine *Sea mines:* A mine fitted with antennae which, when touched by a ship, activates the mine on contact. See also AAP-6.	**mine à antennes** *Mines navales:* Mine équipée d'antennes qui, lorsqu'elles touchent un bâtiment, déclenche la mine au contact. Voir aussi AAP-6.
antilift device *Land mines:* A device designed to actuate a mine if the mine is moved. (AAP – 6)	**dispositif antirelevage** *Mines terrestres:* Dispositif conçu pour déclencher une mine, si elle est déplacée. (AAP-6) [dispositif anti-perturbation]
antipersonnel mine *Land mines:* A mine designed to cause casualties to personnel. [mine] (AAP/6)	**mine antipersonnel** *Mines terrestres:* Mine destinée à causer des pertes en personnel. (AAP/6)
antitank mine *Land mines:* A mine designed to immobilize or destroy a tank. [mine] (AAP/6, AAP-19/A)	**mine antichar** *Mines terrestres:* Mine conçue pour immobiliser ou détruire un char de combat. (AAP/6, AAP-19/A)
antiwatching device *Sea mines:* A device fitted in a moored mine which causes it to sink should it rise to the surface, so as to prevent the position of the mine or minefield being disclosed. [watching mine]. (AAP/6)	**dispositif anti-repérage** *Mines navales:* Dispositif incorporé à une mine à orin destiné à la faire couler si elle vient en surface, de façon à empêcher que sa position ou celle du champ de mines soit révélée. (AAP/6)

approved design	conception adoptée
Materiel: The design of which has been admitted for military use by the accredited authority, based on the results of the tests and assessments in accordance with promulgated NATO publications and agreements. This design is completely defined by a government approved data package, consisting of: the material specifications, the product and component drawings and specifications, the acceptance criteria and the users' instructions. [qualification, type qualification, new munition]	*Matériel :* Conception qui a été adoptée pour l'emploi militaire par l'autorité accréditée, basée sur les résultats des essais et des évaluations conformément aux publications et accords promulgués par l'OTAN. Cette conception est entièrement définie par une liasse technique approuvée par le gouvernement, et qui comprend: les spécifications des matières premières, les plans et les spécifications du produit et de ses composants, les critères d'acceptation et les instructions pour les usagers. [qualification, qualification de type, munition nouvelle]
arc The phenomena characterizing an electrostatic discharge: luminosity, temperature and current. [electrostatic discharge] Ref. 4235, 4236 and 4327.	**arc** Phénomènes qui caractérisent une décharge électrostatique : luminosité, température et courant. [décharge électrostatique] Réf. 4235, 4236 et 4327.
arm To make a fuzing or firing system ready for functioning by removal of all the safety constraints thus permitting the munition to be fired on receipt of the specified firing stimulus and to function as intended. From Glossary OB. See also AAP-19: arming. [armed, commit-to-arm] Ref: 4187.	**armer** Rendre un système de fusée ou de mise de feu prêt à fonctionner, en neutralisant toutes les contraintes de sécurité, ce qui permet la mise à feu du système de le fonctionnement voulu dès réception de l'impulsion de mise à feu spécifiée. Tiré du Glossaire OB. Voir aussi AAP-19 : armement. [armé, mise en état de service] Réf: 4187

armed	armé

1. *Suitability for service of a weapon system, munition or (sub)system:* The state of the (sub-)system when all safety breaks and switches have been made ineffective with the exception of the single function which would initiate *the* intended operation of the system.
 	
2. *Safety of a weapon system, munition or (sub)system:* The system is considered armed when any firing stimulus can cause the system to function.
 	
   - *fuzing systems employing explosive train interruption*: when the interruption (interrupter(s) position(s)) is such that the probability of propagation of the explosive train exceeds a specified value (e.g., 0.05 at the 95% single-side lower level of confidence);
 	
   - *fuzing systems employing a non-interrupted explosive train*: when the stimulus available for delivery to the initiator equals or exceeds the initiator's no-fire threshold.
 	
[armed configuration*, disarm, unarmed, test configuration] Ref: 4157, 4187, 4324, 4497, AOP-16, AOP-20.
	1. *Aptitude au service d'un système d'arme, de munition ou de (sous-)système:* État du (sous-)système lorsque l'ensemble des interrupteurs et dispositifs d'interruption liés à la sécurité ont été levés à l'exception de l'unique fonction qui initierait le fonctionnement *projeté* du système.
	
	2. *Sécurité d'un système d'arme, de munition d'un (sous-)système:* Le système est considéré comme étant armé lorsqu'une énergie de mise à feu peut provoquer son fonctionnement.
	
	   - *systèmes de fusée équipés d'une chaîne pyrotechnique interrompue*: lorsque la position du(des) 'interrupteur(s) est telle que la probabilité de propagation de la chaîne pyrotechnique dépasse une valeur spécifiée (p.ex. 0,05 avec un niveau de confiance unilatéral de 95%);
	
	   - *systèmes de fusée équipés d'une chaîne pyrotechnique non-interrompue*: lorsque le stimulus disponible pour être fourni à l'initiateur est égale ou supérieur à ou excède le seuil de non-feu de l'initiateur.
	
	[configuration armée*, désarmement, non armée, configuration d'essais] Réf: 4187, 4324, 4497.

armed configuration: See "armed".	**configuration armée** : Voir "armé".

armed mine
 	
   A mine from which all safety devices have been withdrawn and, after laying, all automatic safety features and/or arming delays have operated. Such a mine is ready to receive a target signal, influence or contact. (AAP-6)
	mine armée
	
	   Mine dont, après mouillage, tous les dispositifs automatiques de sécurité et/ou de réceptivité différée ont fonctionné ou ont été ôtes. Une telle mine est prête à recevoir un objectif, un signal, une influence ou un contact.(AAP-6)

arming: See "arm", also AAP-6 and AAP-19	**armement**: Voir "armer", aussi AAP-6 et AAP-19

arming delay
 	
   Weapon launched munitions: The time elapsed or distance travelled between initiation of commit-to-arm, launch or deployment and the arming of the fuzing system. Ref: 4187, AOP-20.
 	
   Hand emplaced munitions: The time elapsed from final commitment to the arming process until the armed condition is attained.
 	
   Ref. 4497, AOP-31.
 	
[arming time, arming distance, all-arm distance]
	retard d'armement
	
	   Munitions lancées d'une arme : Temps écoulé ou distance parcourue entre le moment ou le point de démarrage du cycle d'armement irréversible, et l'armement de la fusée. (4187, AOP-20)
	
	   Munitions à positionnement manuel : Temps écoulé depuis l'engagement final du processus d'armement jusqu'à obtention de l'état armé. (4497, AOP-31)
	
	[délai d'armement, distance d'armement]
	
	Réf: 4187, 4497, AOP-31.

arming delay device	**dispositif de réceptivité différée**
Mines: A device fitted in a mine to prevent it being actuated for a preset time after laying. (AAP-6)	*Mines*: Dispositif équipant une mine et l'empêchant d'être influencée pendant un certain temps fixé à l'avance, après son mouillage ou sa pose. (AAP-6)
arming distance	**distance d'armement**
The distance from the launcher or release device to the point where the fuzing system arms. [arming distance]	Écartement entre le lanceur ou le système de relâche jusqu''a l'endroit où le système de fusée est armé.
arming range: See "arming distance"	**distance d'armement**
assessment	**évaluation**
Military materiel: Set of theoretical analyses and tests defined by a cognizant authority and intended to verify the performance, reliability and safety of a materiel with regard to the specified requirements. *Explosives:* The evaluation of properties of an explosive, including the results of appropriate tests, to determine its relationship, with particular regard to safety, to other known explosives already in service use. (AOP-7) [qualification, characterization, classification] Ref: AOP-15, AOP-39; 4170.	*Matériel militaire:* Ensemble des analyses théoriques et essais définis par une autorité compétente et destinés à vérifier la performance, la fiabilité et la sécurité d'un matériel par rapport aux exigences spécifiées. *Matières explosives:* Évaluation des propriétés d'une matière explosive comprenant les résultats des essais appropriés, pour en déterminer les rapports, en particulier sur le plan de la sécurité, avec d'autres matières explosives connues qui sont déjà en service. (4170) [homologation, caractérisation, classification] Réf: 4170, AOP-7, 4297, AOP-15, 4439, AOP-39.
attachment zone	**zone d'attachement**
Lightning, interaction with weapons: See STANAGs 4236 and 4327.	*Foudre, interaction avec les armes:* Voir les STANAG 4236 et 4327.
augmenting charge	**relais** (2).
Mortar and howitzer ammunition: Additional propelling charge used to vary the range of the munition. It is composed of the propellant and its container which may be combustible. One or more augmenting charges, possibly of different types, can be used for one munition. Ref: 4225.	*Munitions de mortier et d'obusier:* Charge additionnelle utilisée pour faire varier la portée de la munition. Elle est composé de poudre propulsive et d'une enveloppe qui peut être combustible. Un ou plusieurs relais, éventuellement de différents types, peuvent être utilisés dans une munition. Réf: 4225.
automatum	**automate**
Computer systems: A machine or controlling mechanism designed to follow automatically a predetermined sequence of operations or respond to encoded instructions and correct errors or deviations occurring during operation. Plural: automata. Ref: 4404.	*Systèmes informatisés:* Matériel ou mécanisme de contrôle conçu pour suivre automatiquement une séquence prédéterminée d'opérations ou répondre à des instructions codées et corriger les erreurs ou écarts survenant en cours de fonctionnement. Réf: 4404.

availability	disponibilité
The probability an item is in operable and committable state at the start of a mission when the mission is called for at an unknown (random) time. (ARMP-1) For demolition systems, the unknown (random. time is the moment of firing the system, e.g., the actuation of the exploder. [reliability, maintainability]	Probabilité de réussite de l'utilisation et de l'engagement d'un article au début d'une mission, lorsque l'ordre de mission intervient à un moment inconnu (aléatoire). (ARMP-1) Pour des systèmes de destruction, le "moment aléatoire" est le moment que la mise à feu est démarrée, p.e. l'action de l'exploseur. [sûreté de fonctionnement, fiabilité, maintenabilité]
backblast	**souffle en retour**
The rearward blast of (hot) propulsion gases when the weapon is fired, escape from the muzzle brake of recoil weapons and from the aft opening (venturi) of recoilless weapons. The blast may contain fragments and particles swept up from the ground. (WAS)	Souffle de gaz propulsives (chauds) qui s' échappent du frein de bouche quand l'arme est tiré des armes à recul et de la tuyère des armes sans recul. Le souffle peur contenir des fragments et des particules emportés du sol.
base bleed	**réduction de traînée de culot**
Reduction of the aerodynamic drag of a shell by means of an auxiliary device in the shell consisting of propellant in a combustion chamber. The propellant gases flow out into the wake behind the shell, enhancing the pressure and thereby reducing drag.	Réduction de la traînée aérodynamique d'un projectile au moyen d'un dispositif additionnel du projectile qui comprend du propergol dans une chambre de combustion. Les gaz de combustion s'écoulent dans le sillage du projectile en augmentant la pression et de cette façon réduisant la traînée.
battleshort	**contournement de dispositifs de sécurité**
The capability to bypass certain safety features in a system to ensure completion of the mission without interruption due to the safety feature. Examples of bypassed safety features are circuit overload protection, and thermal protection. Ref: 4404.	Capacité de contourner certains dispositifs de sécurité d'un système pour mener une mission à bien, sans interruption provoquée par ces dispositifs de sécurité. Exemples de dispositifs de sécurité contournables sont les protection de surcharge de circuit et protecteurs thermiques. Réf: 4404.
bio-degradation - *Disposal:* See STANAG 4518	**biodégradation** - *Mise au rebut:* Voir STANAG 4518
black powder	**poudre noire**
Heterogeneous explosive substance composed of potash nitrate (oxidizer), sulphur, and charcoal reducer. It may come in various forms: coarse or fine grains, powder or pastilles. [gun powder]	Matière explosive hétérogène formée de nitrate de potassium (oxydent), de soufre et de charbon de bois (réducteur). Elle peut se présenter sous différentes formes: gros grains, grains fine, pulvérin ou pastilles. (GTPS)

blast	souffle
The propagation through the air of a high pressure wave, produced by the deflagration or detonation of an explosive material. (GTPS) [backblast] Severe blast pressure may cause impairment of hearing. High levels may cause injury to the larynx. Extreme levels may even cause fatal injury (collapse of the lungs, etc.)	Propagation dans l'air d'une surpression produite par la déflagration ou la détonation d'une matière explosive. (GTPS) Une pression de souffle élevée peut affecter l'ouïe. Des niveaux très élevés peuvent causer les blessures au larynx. Des niveaux extrêmes pourront m^me causer des blessures fatales (effondrement des poumons, etc.)
blasting cap: See "detonator".	**détonateur** -
blasting machine: See "exploder".	**exploseur** -
bonding (1) The strength of the adhesion of an explosive filling to its receptacle. Examples: high explosive projectiles filling and propellant grains for missile or rocket motors.	**adhésivité** Solidité de l'adhésion d'un chargement explosif à son enveloppe. Exemples: chargement explosif d'obus explosifs et de blocs de poudre de moteurs de missile ou de fusée. [adhésion*]
bonding (2) *Electrical tests*: The process of making a low resistance electrical connection between parts or between parts and the structure. Ref: 4327.	**continuité électrique** *Essais électriques* : Le processus par lequel s'opère un contact électrique de faible résistance entre les éléments, ou un élément et la structure. Réf: 4327.
booby trap An explosive or nonexplosive device, deliberately placed to cause casualties when an unsuspecting person disturbs an apparently harmless object or performs a normally safe act. See also AAP-6.	**piège** Dispositif fonctionnant avec ou sans une charge explosive, placé de façon à infliger des pertes en personnel chaque fois qu'une personne sans méfiance déplace un objet inoffensif d'apparence ou accomplit un geste considéré ordinairement sans danger. Voir aussi AAP-6.
booster (1) *Part of an explosive train*: A high-explosive element sufficiently sensitive so as to be actuated by an upstream explosive element in the explosive train and powerful enough to cause functioning of a subsequent downstream explosive element. [booster charge*, lead, primary explosive, secondary explosive, detonation] Ref: 4363.	**relais de détonation** *Élément d'une chaîne pyrotechnique*: Elément explosif suffisamment sensible pour être initié par un composant pyrotechnique en amont de la chaîne pyrotechnique et suffisamment puissant pour faire fonctionner une charge explosive en aval. [relais pyrotechnique d'amorçage *, charge relais, explosif primaire, explosif secondaire, détonation] Réf: 4363.
booster (2) *Subsystem of a propulsion system*: Propulsor intended to provide an additional thrust (mainly during take-off), either placed in line or at the outside of the structure. Different definition in AAP–6.	**propulseur d'appoint** *Sous-système d'un système de propulsion*: Propulseur destiné à donner un surcroît de poussée (principalement au décollage), dans l'axe ou accolé à l'extérieur de la structure. [propulseur auxiliaire*]
booster and lead explosive: See "booster explosive".	**explosif de relais (de détonation)** : Voir "explosif de relais pyrotechnique".

booster explosive	explosif de relais pyrotechnique
Explosive material used to augment and transmit a detonation reaction (initiated by a primary explosive), with sufficient energy to initiate a stable detonation in a receptor charge or the main charge of an explosive train. For fuzes, it is a secondary explosive which has demonstrated to be sufficiently safe to be used beyond the shutter (fuze interrupter) or in unshuttered fuzing systems. [booster (1), booster and lead explosive*] Ref: 4170, , 4463, AOP-7, AOP-20, AOP-26.	Matière explosive utilisée pour amplifier et transmettre une réaction détonative (initié par l'explosif primaire), possédant suffisamment d'énergie pour initier une détonation stable dans une charge réceptrice ou dans la charge principale d'une chaîne pyrotechnique. Pour les fusées, il s'agit d'un explosif secondaire, jugé suffisamment sûr pour être placé au-delà de l'interrupteur de la fusée ou pour être utilisé dans des systèmes de fusée à chaîne pyrotechnique non interrompue. [relais de détonation, explosif de relais de détonation] Réf: 4170, 4463, AOP-7, AOP-20, AOP-26.
bore safety	**sécurité dans l'âme**
The property that enables ammunition and its constituent parts to withstand the bore phase of firing with the required level of safety. (WAS). See also AAP-6, boresafe fuze. [loading safety, muzzle safety, mask safety].	Caractéristique qui permet la munition et ses éléments constitutifs de résister aux effets du tir dans le tube au niveau de sécurité requis. Voir aussi AAP-6,fusée à sécurité de trajet dans l'âme. [sécurité de chargement, sécurité de bouche, sécurité de masque].
bottom mine	**mine de fond**
A mine with negative buoyancy which remains on the sea-bed. (AAP-6) [ground mine*]	Mine à flottabilité négative qui repose sur le fond de la mer. (AAP-6)
bouquet mine	**mine bouquet**
Sea mines: A mine in which a number of buoyant mine cases are attached to the same sinker, so that when the mooring of one mine is cut, another mine rises from the sinker to its set depth. (AAP-6)	*Mines navales*: Ensemble constitué par un certain nombre de mines à flottabilité positive fixé sur un même crapaud. Quand l'orin d'une mine est coupé par une drague, une autre mine se détache du crapaud pour prendre l'immersion pour laquelle elle a été réglée. (AAP-6)
bulk current injection (BCI)	**injection de courant sur un toron**
Lightning tests: : An injection technique used to drive currents through a cable by magnetic induction from a current transformer fed from a generator. The ratio between the voltage at the current transformer and the current induced in the cable under test is called the "transfer impedance". Ref. 4324 and 4416.	*Foudre*: *Simulations foudre*: Technique d'injection utilisée pour faire circuler des courants dans un câble, par induction magnétique à partir d'un transformateur de courant alimenté par un générateur. Le rapport entre la tension à l'entrée du transformateur de courant et le courant induit dans le câble soumis à l'essai est appelé "impédance de transfert". Réf. 4324 et 4416.

burning The propagation of an exothermic reaction by conduction, convection and radiation. (OB) The term "burning" is sometimes used to describe a special type of explosive reaction and its effects on the environment. [combustion*]	**combustion** Réaction exothermique et auto-entretenue par conduction, convection et rayonnement. (OB) Le terme "combustion" est parfois utilisé pour décrire un type de réaction explosive spécifique et ses effets sur l'environnement. Il existe une définition plus précise de combustion dans le dictionnaire de pyrotechnie du GTPS.
cannon Generic definition for a wide variety of weapons. See STANAGs 4432 and 4516.	**canon** Définition générique pour une grande variété d'armes. Des définitions spécifiques sont données dans les STANAG 4432 et 4516.
cap: See "primer".	**alvéole**: Voir "amorce".
capture distance *Lightning* - See STANAG 4236.	**distance de capture** *Foudre:* Voir STANAG 4236.
capture radius *Lightning* - See STANAG 4236.	**rayon de capture** *Foudre:* Voir STANAG 4236.
cargo *In a projectile or missile warhead*: A payload expelled or separated from the carrier. [payload]	**charge cargo** *Dans un projectile ou une tête de fusée ou de missile:* Charge utile expulsée ou séparée du système porteur. [charge utile, sous-munition]
cartridge Ammunition, ready for firing, wherein the propelling charge(s), its primer, and the projectile with its fuze are assembled in one unit for handling and firing. Types of cartridged ammunition: gun, cannon, howitzer, mortar, small calibre ammunition. [round]	**cartouche** (1) Munition prête à être tirée, où la ou les charges propulsives et le projectile avec sa fusée sont assemblés dans une unité pour la manipulation et le tir. Des munitions pour canon, obusier, mortier et de petit calibre sont souvent encartouchées. [coup complet]
cavity The portion of the projectile that accepts the fuze. [intrusion] Ref: 2916.	**logement** Partie du projectile qui abrite la fusée. [intrusion] Réf: 2916.
chamber pressure The pressure existent within the weapon chamber at any time as a result of the burning of the propellant charge. With some pressure gauges (crushers), only the peak pressure can be measured. [pressure, peak pressure] Ref: 4224, 4493, 4110.	**pression de chambre** Pression qui existe dans la chambre de l'arme à tout moment, résultant de la combustion de la charge propulsive. Avec certains capteurs (blocs crusher) on peut seulement mesurer la pression maximale. [pression, pression crête] Réf: 4224, 4493, 4110.

characterization	**caractérisation**
The determination of attributes of a materiel or a substance which define the capability of a materiel or a substance to fulfil particular requirements.	Détermination des caractéristiques d'un matériel ou d'une matière qui définissent l'aptitude d'un matériel ou d'une matière de satisfaire des exigences particulières.
[assessment, evaluation] Ref: AOP-15, 4363, 4560.	[évaluation] Réf: AOP-15, 4363, 4560.
charge (1)	**charge** (1)
The explosive filling of a munition or a munition component.	Contenu explosif d'une munition ou d'un composant de munition.
See also "demolition charge".	Il existe une définition plus complète de charge dans le dictionnaire de pyrotechnie du GTPS . Voir aussi "charge de destruction".
charge (2) *Lightning*: See STANAGs 4236 and 4327.	**charge** (2) *Foudre*: Voir les STANAG 4236 et 4327.
charge	**chargement** : Voir "charge (1)".
chemical conversion	**conversion chimique**
Disposal: See STANAG 4518.	*Mise au rebut:* Voir STANAG 4518.
chemical decontamination	**décontamination chimique**
Disposal: The process of making any contaminated object, person or area safe for unprotected personnel by chemically destroying, physically removing, sealing in, or otherwise making harmless the chemical agent on or around it. Ref: 4518.	*Mise au rebut:* Action qui conduit à rendre sûr tout objet, personne ou endroit contaminés par destruction chimique, transformation physique ou isolement du polluant chimique ou, qui permet de le rendre inoffensif pour le personnel n'ayant pas de protection. Réf: 4518.
chemical mine	**mine chimique**
A mine containing a chemical agent designed to kill, injure, or incapacitate personnel or to contaminate materiel or terrain. (AAP-6)	Mine contenant un agent chimique destiné à tuer, blesser ou diminuer l'efficacité des combattants ou à contaminer le matériel ou le sol. (AAP-6)
classification of lightning effects	**classement des effets de la foudre**
Weapon system testing: See STANAGs 4236 and 4327.	*Essais de systèmes d'arme*: Voir les STANAG 4236 et 4327.
climatic category	**catégorie climatique**
A classification of world climate in terms of a set of temperature and humidity conditions. Ref: 2895.	Classification du climat du globe en fonction d'un ensemble de conditions de température et d'humidité. Réf: 2895.
closed detonation	**détonation en milieu fermé**
Disposal: To place a munition in a closed chamber and to initiate it with an explosive charge. The evolved gases and solid residues can then be collected and treated in an environmentally safe manner. Ref: 4518.	*Mise au rebut:* Action qui consiste à placer une munition dans une chambre hermétique, puis à l'initier avec une charge explosive. Les effluents produits (gaz et résidus solides) peuvent ensuite être collectés et traités d'une manière propre pour l'environnement. Réf: 4518.

cloud to ground flash *Lightning*: See STANAG 4236.	**éclair du nuage au sol** *Foudre*: Voir STANAG 4236.
coefficient of linear thermal expansion *Testing of explosive materials*: The change in length per degree of temperature change divided by the initial length. [linear thermal expansion] Ref 4525	**coefficient d'expansion thermique linéaire** *Essais de matières explosives*: Changement de la longueur par centigrade de changement de température divisé par la longueur initiale. [expansion thermique linéaire] Réf 4525.
combination circuit *Mines*: A firing circuit which requires actuation by two or more influences, either simultaneously or at a pre-ordained interval, before the circuit can function. (AAP-6) [combined circuit*]	**mise de feu combinée** Circuit de mise de feu qui demande à être actionné par deux ou plusieurs influences, soit simultanées, soit selon une séquence préétablie. De ce point de vue, les mise de feu acoustiques combinées utilisant plusieurs gammes de fréquence entrent dans cette catégorie. (AAP-6)
combustion: See burning.	**combustion -**
commit-to-arm Actions carried out upon a munition, following which a fuzing, initiating or firing system, irreversibly, will arm. Ref: 4187, AOP-31.	**mise en état de service** Actions engagées sur une munition, de sorte que le système de fusée, d'amorçage ou de mise de feu soit irréversiblement armé. Réf: 4187, AOP-31.
common cause failure Failure of two or more components due to a single cause. For example two or more components may fail due to the single cause of heating. The mode of failure may not be the same. Common causes may be conditions or events internal within the system or external, from its environment. Ref: 4187, 4497.	**défaillance de cause commune** Défaillance de deux composants ou plus due à une seule cause. Par exemple, plusieurs composants pourraient faillir par la seule cause d'échauffement. Le mode de défaillance pourrait être différent. Les causes communes peuvent être des conditions ou des événements internes dans le système ou extérieures provenant de son environnement. Réf: 4187, 4497.
common mode failure Failure of two or more components in the same mode. For example two or more components such as switches may fail in a single mode such as an open circuit. The cause of failure may not be the same. Ref: 4497.	**défaillance de mode commun** Même mode de défaillance de deux ou plusieurs composants. Par exemple, deux ou plusieurs composants pourraient faillir dans un seul mode comme "circuit ouvert". La cause de la défaillance pourrait ne pas être la même. Réf: 4497.
common mode voltage *Lightning tests*: See STANAG 4327.	**tension de mode commun** *Essais foudre*: Voir STANAG 4327.

comparison explosive	matière explosive de comparaison
An in-service explosive material with proven safety characteristics whose properties are used to assess the relative safety and suitability of a new explosive intended for use in a similar role. Ref: 4170.	Matière explosive déjà en service dont les caractéristiques de sécurité prouvées sont utilisées pour évaluer la sécurité et l'aptitude à l'emploi d'une nouvelle matière explosive destinée à être utilisée dans un usage similaire. Réf: 4170.
compatibility	**compatibilité**
1. *General*: Capability of two or more items or components of equipment or material to exist or function in the same system or environment without mutual interference. (AAP-6) 2. *Munitions*: Absence of reactions between explosives and other component within a munition, leading to unacceptable changes in physical properties, sensitiveness or sensitivity of explosives in the munition. Ref: 4147.	1. *En général*: Aptitude, pour deux ou plusieurs pièces ou composants d'un équipement ou d'un matériel, de coexister ou de fonctionner à l'intérieur d'un même système ou dans un même environnement sans qu'il y ait interférence mutuelle. (AAP-6) 2. *Munitions*: Absence de réactions entre les matières explosives et les autres composants dans une munition, qui entraînent des modifications inacceptables des propriétés physiques ou de sensibilité des matières explosives dans la munition. Réf: 4147.
complete system test: See "whole system test".	**essai sur système complet -**
complete weapon test: See "whole weapon test".	**essai sur arme complète -**
composite propellant	**propergol composite**
Propellant composed of energetic materials bound together using a binder. Ref: 4581.	Propergol constitué par un mélange de matières énergétiques et un liant. Réf: 4581.
compressive deformation *Testing explosive materials*: See STANAG 4443.	**déformation en compression** *Essais matières explosives*: Voir STANAG 4443.
compressive modulus of elasticity *Testing explosive materials*: See STANAG 4443.	**module d'élasticité en compression** *Essais matières explosives*: Voir STANAG 4443.
compressive proportional limit *Testing explosive materials*: See STANAG 4443.	**limite proportionnelle en compression** *Essais matières explosives*: Voir STANAG 4443.
compressive rho-point *Testing explosive materials*: See STANAG 4443.	**en compression** *Essais matières explosives*: Voir STANAG 4443
compressive strain *Testing explosive materials*: See STANAG 4443.	**effort de compression** *Essais matières explosives*: Voir STANAG 4443.
compressive stress *Testing explosive materials*: See STANAG 4443.	**contrainte en compression** *Essais matières explosives*: Voir STANAG 4443.

computing system A device(s) and its associated interfaces capable of accepting and storing computer data, executing a systematic sequence of operations on computer data, or producing control outputs. Such devices can perform substantial interpretation, computation, communication, control, or other logical functions. Ref: 4404.	**système informatisé** Système et ses interfaces associées, capable d'accepter et de stocker des données informatiques, d'exécuter une séquence automatique d'opérations sur des données informatiques, ou d'assurer des contrôles de sorties. De tels systèmes peuvent exécuter des interprétations, des calculs, des communications, des contrôles ou d'autres fonctions logiques conséquents. Réf: 4404.
conducting composition (CC) An initiating composition that is to conduct electricity, used in electro-explosive devices. The explosive mixture is made conductive by intimately mixing with conducting material such as graphite or powdered metals. As the current flows, sufficient heat is generated to ignite the composition. [conducting composition electro-explosive device] Ref: 4560.	**composition conductrice (CC)** Composition d'initiation rendue conductrice de l'électricité, utilisée dans les dispositifs électro-pyrotechniques. (GTPS) La composition pyrotechnique est rendue conductrice par mélange intime à une matière conductrice telle que le graphite ou des particules métalliques. Le passage du courant produit un échauffement suffisant pour initier la composition. Dispositif électro-pyrotechnique à composition conductrice] Réf: 4560, GTPS.
conducting composition cap An electric primer wherein the conducting composition is initiated by the passage of electricity between the electrodes [conducting composition, electro-explosive device]. Ref: 4560.	**amorce à composition conductrice** Amorce électrique dans laquelle la composition conductrice est initiée par le passage du courant entre les électrodes . [composition conductrice, dispositif électro-pyrotechnique]. Réf: 4560.
confinement The characteristics of the casing of a charge, which restrict the expansion of the decomposition products when the explosive substance reacts and which the reactivity/sensitivity and/or performance of this charge. (GTPS) Confinement can be achieved by reducing the space available to the charge, incorporating internal or external packaging, strengthening the casing material, etc.	**confinement** Caractéristiques du logement d'une charge qui limitent l'expansion des produits de décomposition au cours de la réaction de la matière explosive et qui influencent la réactivité/sensibilité et/ou la performance de cette charge. (GTPS) Le confinement peut être réalisée par une diminution de l'espace libre, un bourrage intérieur ou extérieur, ou le renforcement de la résistance du matériau de l'enveloppe.
contact discharge A transfer of electrical charge between bodies of different electrostatic potential through direct contact. [electrostatic discharge, air discharge] Ref. 4235.	**décharge par contact direct** Transfert d'une charge électrostatique entre des corps de potentiels différents par contact direct. [décharge électrostatique, décharge aérien] Réf. 4235.
contact mine A mine detonated by physical contact. (AAP-6)	**mine à contact** Mine qui explose au contact. (AAP-6)
continuing current - *Lightning*: See STANAG 4236	**courant continu**- *Foudre*: Voir STANAG 4236.

controlled mine	mine contrôlée
A mine which after laying can be controlled by the user, to the extent of making a mine safe or live, or to fire the mine. (AAP-6)	Mine qui peut être commandée à distance après son mouillage. Le degré de contrôle consiste généralement à pouvoir rendre la mine insensible ou active ou à la faire exploser. (AAP-6)
conversion	**conversion**
Disposal: The reclamation of the units or components of a munition for alternative military or non-military uses in the same, modified, or amended form. Ref: 4518.	*Mise au rebut:* Récupération des sous-produits d'une munition pour un usage militaire ou non, sous une forme identique, modifiée ou corrigée. Réf: 4518.
cook off	**explosion par échauffement**
The premature ignition of an energetic material due to external heat.	Initiation prématurée d'une matière énergétique due à un échauffement externe.
Example: Ignition of a propellant charge in a hot weapon chamber. Ref: 4240, 4382, 4433.	Exemple : Allumage d'une charge propulsive dans une chambre d'une arme échauffée. [auto-inflammation*] Réf: 4240, 4382, 4433.
cook off -	**auto-inflammation** : Voir "explosion par échauffement"
corona – *Lightning:* See STANAGs 4236 and 4327.	**effet corona** - *Foudre*: Voir les STANAG 4236 et 4327.
countermine	**contreminer**
The process of exploding the main charge in a mine by shock of a nearby explosion of another mine or an independent explosive charge.	Le processus de faire exploser la charge principale d'une mine sous l'effet du choc provoqué par l'explosion d'une mine voisine ou d'une charge explosive.
See also AAP-6.	Voir aussi AAP-6.
cratering charge	**charge enterrée**
Demolitions: A charge placed at an adequate depth to produce a crater. (AAP-6)	*Destruction:* Charge placée à une profondeur convenable pour produire un cratère. (AAP-6)
Ref: AOP-31.	Réf: AOP-31.
credible environment: See "service environment"	**environnement crédible**: Voir "environnement propre au service".
[environmental profile*, environment, life cycle]	[profil d'environnement *, environnement, cycle de vie]
creeping mine	**mine rampante**
Sea mines: A buoyant mine held below the surface by a weight, usually in the form of a chain, which is to creep along the seabed under the influence of stream or current. (AAP-6).	*Mines navales:* Mine flottante, maintenue sous la surface par un lest (généralement une chaîne), et qui se déplace librement dans le courant. (AAP-6).

critical characteristic	**caractéristique critique**
A characteristic (tolerance, surface finish, material, manufacture, assembly) of a product, materiel, or process which may result in the failure of a critical item in the event of non-fulfilment of requirement. (WAS) [safety critical]	Caractéristique (tolérance, finition de surface, matériau, fabrication, assemblage) d'un produit, matériel ou processus, qui, dans le cas qu'il ne répond pas aux exigences, pourrait provoquer la défaillance d'un élément critique. [critique du point de vue de la sécurité]
critical detonation diameter	**diamètre critique pour la détonation**
Minimum diameter of a cylindrical explosive charge at which stable propagation of a stable detonation is ensured. This diameter is dependent on the confinement of the charge. (GTPS) The term in draft STANAG 4526 reads: "critical detonation failure diameter".	Diamètre d'une charge explosive cylindrique au-dessous duquel il n'y a plus propagation d'une détonation stable. Ce diamètre est lié au confinement de la charge. (GTPS) Réf: 4536.
critical item	**élément critique**
A part, assembly, installation, or production process with one or more characteristics which will cause an unacceptable degradation of performance or safety. [safety critical system]	Composant, assemblage, installation ou processus de fabrication comprenant une ou plusieurs propriétés qui conduira(ont) à une dégradation inacceptable de la performance ou de la sécurité. [système critique du point de vue de la sécurité]
cryogenic exposure	**cryofracture**
Disposal: See STANAG 4518.	*Mise au rebut:* Voir STANAG 4518.
cutting charge	**charge découpante**
Demolitions: A charge which produces a cutting effect in line with its plane of symmetry. (AAP-6)	*Destruction:* Charge produisant un effet de découpage dans son plan de symétrie. (AAP-6)
danger: See "hazard".	**danger** -
danger area	**zone dangereuse** (1)
General : A specified area above, below, or within which there may exist potential danger for personnel and/or equipment. (AAP-6). [unsafe area*, safe separation]	Zone spécifiée, à l'intérieur, au-dessus ou au-dessous de laquelle il peut y avoir un danger potentiel. (AAP-6) [séparation en sécurité]
deactivation	**désactivation**
Fuzing systems: To return an armed fuzing system to unarmed mode by the issue of a specific command or after a preset delay. The deactivated fuzing system is safe for use. Ref: 4187, 4497, AOP-31.	*Systèmes de fusée:* Remettre un système de fusée armé en mode non-armé par lancement d'une commande spécifique ou après un délai prédéterminé. Le système de fusée désactivé est en état de sécurité pour être utilisé. Réf: 4187, 4497, AOP-31.

deflagration	déflagration
Chemical explosion in which the zone of chemical reaction propagates through the initial medium at a subsonic velocity, mainly by thermal conduction.	Explosion chimique dans laquelle la zone de réaction se propage à une vitesse subsonique dans le milieu initial, principalement par conductibilité thermique.
Extract of the GTPS definition. The term "deflagration" is sometimes used to describe a special type of explosive reaction and its effects on the environment.	La définition de déflagration est un extrait de celle émise par le dictionnaire de pyrotechnie du GTPS. Le terme "déflagration" est parfois utilisé pour décrire un type de réaction explosive spécifique et ses effets sur l'environnement.
deflagration to detonation transition (DDT)	**transition de déflagration en détonation (TDD)**
The transition to detonation from an initial burning reaction.	Transformation d'une réaction de déflagration en détonation.
It is a complex process which generally requires the energetic material to have a high surface area and to be confined.	Ce processus complexe nécessite normalement que la matière énergétique occupe une grande surface de combustion et qu'elle soit confinée.
[explosion-to-detonation transition, shock-to-detonation transition, critical detonation diameter.]	[transformation d'explosion en détonation, transformation de choc en détonation, diamètre critique pour la détonation.]
degree of safety	**degré de sécurité**
A measure of safety of a device or system expressed as a probability of the occurrence of a potentially hazardous event. According to system requirements the required degree of safety may be limited in duration or apply throughout the service life of a store. (OB)	Sécurité d'un dispositif ou d'un système de fusée, exprimée en termes de probabilité d'occurrence d'un événement présentant un risque potentiel. Conformément aux besoins du système de fusée, le degré de sécurité peut être requis pendant une période limitée ou pendant toute la durée de vie du matériel. (OB)
delay element	**retard pyrotechnique** (1)
An intermediate item in an explosive train to lengthen the function time of the train.	Elément intermédiaire dans une chaîne pyrotechnique qui rallonge la durée de fonctionnement de la chaîne.
delayed detonation to detonation transition	**transition d'une réaction retardée ou inconnue en détonation**
See "explosion-to-detonation transition".	
demilitarization	**démilitarisation**
The act of removing or otherwise nullifying the military potential of a munition. Demilitarization is a necessary step for military items prior to their release into a non-military setting. Ref: 4518 and AOP-15.	Action qui consiste à retirer ou à neutraliser le potentiel militaire d'une munition. La démilitarisation est une démarche nécessaire pour les articles militaires avant de permettre un emploi non militaire. Réf: 4518 et AOP-15.
[disposal]	[mise au rebut]
demolition	**destruction**
The destruction of structures, facilities or materiel by the use of fire, water, explosives, mechanical or other means. (AAP-6)	Mise hors d'usage d'ouvrages, d'installations ou de matériel par l'emploi de moyens quelconques: feu, eau, explosifs, moyens mécaniques, etc. (AAP-6)
Ref: 2818, AOP-31.	Réf: 2818, AOP-31.

demolition accessory	accessoire de destruction
A part of a demolition system, being itself a supply item on its own. [demolition store] Ref: AOP-31.	Composant d'un système de destruction, étant lui-même un article approvisionné séparément. [engin de destruction] Réf: AOP-31.
demolition charge	charge de destruction
An explosive charge designed to destroy materiel, structures or installations, by means of explosive effects such as blast, fragmentation, perforation or cutting. Charge: In combat engineering, a quantity of explosive materials, prepared for demolition purposes. Definition derived from AAP-6. Alternative definition in AASTP-3. Ref : AOP-31, AAP-19.)	Charge explosive conçue pour détruire du matériel, des ouvrages ou des installations, par des effets explosifs, tels que: onde de choc, fragmentation, perforation, coupure. Charge: En génie de combat, quantité d'explosifs préparée à des fins de destruction. Définition dérivée de l'AAP-6. Définition alternative dans l'AASTP-3. (AOP-31, AAP-19).
demolition materiel	matériel de destruction
Any materiel necessary to carry out a demolition. This covers demolitions systems as a whole, - subsystems, - stores and - accessories. Ref: 2818, AOP-31.	Tout matériel nécessaire pour exécuter une destruction. Ceci couvre les ensembles de systèmes de destruction, les sous-systèmes, les équipements ainsi que les accessoires de destruction. Réf: 2818, AOP-31.
demolition store	accessoire de destruction explosif
An explosive part of a demolition system being a supply item on its own. [demolition charge, non-explosive demolition accessory] Ref: AOP-31.	Composant explosif d'un système de destruction étant un article d'approvisionnement tel quel. [charge de destruction, accessoire de destruction non-explosif] Réf: AOP-31.
demolition sub-system	sous-système de destruction
A device or a series of connected demolition stores and demolition accessories, designed to perform one or more specific functions within a demolition system. Ref: AOP-31.	Dispositif ou série d'équipements et d'accessoires de destruction, conçu pour produire une ou plusieurs fonctions dans un système de destruction. Réf: AOP-31.
demolition system	système de destruction
A device or series of connected devices containing the explosive and non-explosive materials necessary to meet a demolition requirement. Ref: AOP-31.	Dispositif ou séries de dispositifs connectées entre eux contenant les matières nécessaires pour satisfaire à une demande de destruction. Réf: AOP-31.
dependability	sûreté de fonctionnement
Characteristic of the system combining reliability, availability, maintainability and safety (RAMS). Global activity grouping the four RAMS activities.	Caractéristique du système regroupant la fiabilité, la disponibilité, la maintenabilité et la sécurité. Activité englobant l'ensemble de ces activités.

deployment	**déploiement**
Weapon systems, munitions: The actions that are required to prepare a weapon system for use.	*Systèmes d'arme, munitions:* Action(s) requise(s) pour préparer un système d'armes à l'emploi.
The AAP-6 definition concerns moving of military units. [availability, operational environment]	La définition de l'AAP-6 concerne les déplacements d'unités militaires. [disponibilité, environnement opérationnel]
deployment configuration	**configuration de déploiement**
The condition of materiel when prepared for operational use.	Condition prévue d'un matériel pour l'utilisation opérationnelle.
This is physical arrangement of the materiel during its tactical lay-out. For munitions this usually implies: unarmed, unpackaged, or in tactical sub-package.	Ceci est l'arrangement physique du matériel dans son déploie-ment tactique. Pour les munitions ceci implique normalement: non-armé, hors emballage ou en sous-emballage tactique.
design pressure (DP)	**pression nominale**
See "mortar design pressure curve".	Voir "courbe de pression nominale pour mortier".
design principles	**principes de conception**
The fundamental rules to be adhered to in the process of recognition and problem solving associated with the creation of a product.	Règles générales à appliquer au cours des phases d'analyse du besoin et d'élaboration des solutions techniques, lors du développement d'un produit.
design safety guides	**directives de sécurité pour la conception**
Concepts, logic, background, examples, statements of good practices or rules, time proven concepts of features, any of which should be considered by the designer during his efforts to obtain optimum safety design.	Ensemble de concepts, éléments logiques, antécédents, méthodes d'emploi, exemples, instructions et règles pratiques, principes ou caractéristiques éprouvés, à prendre en compte par le concepteur dans sa recherche d'une sécurité optimale.
designed safety state	**état de sécurité nominal**
A system state that provides the maximum degree of safety within the constraints of the administrative, operational or logistic phase.	État du système qui procure le niveau maximal de sécurité dans les contraintes de la phase opérationnelle ou logistique en cours.
Ref : 4404.	Réf : 4404.
destruction : See "demolition", "disposal".	**destruction** : Voir "mise au rebut".
detonating cord	**cordeau détonant**
A flexible waterproof tube containing a high explosive designed to transmit the detonation wave. (AAP-6)	Cordeau d'explosif contenu dans une gaine souple et étanche, et servant à transmettre la détonation. (AAP-6)
[shock tube] Detonating cord is used in demolition firing systems and in fuzing systems. Ref: 4363, AOP-31.	[tube choc] Le cordeau détonant est utilisé dans des systèmes de mise de feu pour systèmes de destruction et dans des systèmes de fusée. Réf: 4363, AOP-31.

detonation	détonation
Decomposition reaction in which the zone of chemical reaction propagates through the initial medium at a supersonic velocity behind a shock front. The term "detonation" is sometimes used to describe a special type of explosive reaction and its effects on the environment.	Réaction de décomposition dans laquelle la zone de réaction chimique se propage à une vitesse supersonique dans le milieu initial par l'intermédiaire d'une onde de choc. (GTPS). Le terme "détonation" est parfois utilisé pour décrire un type de réaction explosive spécifique et ses effets sur l'environnement. La définition de détonation est un extrait de celle émise par le dictionnaire de pyrotechnie du GTPS)
detonation relay system	**système de relais de détonation**
In a firing system of a deployed demolition system, the explosive train conducting the detonation from the initiator to the main demolition charges. [firing circuit, firing stimulus relay system] Ref: 4363, AOP-31.	Dans un système de mise de feu d'un système de destruction déployé, chaîne explosive qui conduit la détonation de l'initiateur vers les charges de destruction principales. [circuit de mise de feu, système de relais de stimulus de mise à feu] Réf: 4363, AOP-31.
detonator	**amorce-détonateur**
A component containing at least one high explosive which upon receipt of a specified stimulus (mechanical, electrical, pyrotechnic or other) will produce an output (shock wave and / or fragments) which is used to initiate a high explosive charge or other high explosive. Alternative definitions in AAP-6, AAP-19, AASTP-3 and MIL-STD-444. [US: Blasting cap*]. Ref: 4363, AOP-31.	Composant contenant au moins un explosif, qui après réception d'un stimulus spécifié (sous forme mécanique, électrique, pyrotechnique ou autre) produira un effet de sortie (sous forme d'onde de choc et / ou de fragments) qui est utilisé pour initier une charge explosive ou un autre composant pyrotechnique. Définitions alternatives dans l'AAP-6, l'AAP-19, l'AASTP-3 et MIL-STD-444. Réf: 4363, AOP-31.
detonator -	**détonateur**: Voir "amorce détonateur".
deviation: See AQAP-119.	**déviation**: Voir l'AQAP-119.
differential voltage	**tension de mode différentiel**
Lightning tests: In a two-way circuit, the voltage difference between the wires. Ref: 4327.	*Essais foudre*: Dans un circuit à deux conducteurs, la différence de potentiel entre les conducteurs. Réf: 4327.
diffusion flux	**flux de diffusion**
Lightning: See STANAGs 4236 and 4327.	*Foudre*: Voir les STANAG 4236 et 4327.
dip needle circuit	**mise de feu à aiguille aimantée**
Sea mines : A mechanism which responds to a change in the magnitude of the vertical component of the total magnetic field. (AAP/6)	*Mines navales:* : Mise de feu répondant aux variations d'intensité de la composante verticale du champ magnétique total. (AAP/6)
direct action fuze: See "impact action fuze".	**fusée percutante** -
direct strike - *Lightning*: See STANAG 4236.	**coup direct** - *Foudre*: Voir STANAG 4236.

disarm	**désarmement**
Fuzing systems: To restore a fuzing system to a non-armed condition from an armed condition, either reversibly, to permit rearming, or irreversibly and permanently (sterilization).	*Systèmes de fusée:* Rétablissement d'un système de fusée de l'état armé en l'état non-armé, soit réversiblement pour permettre le réarmement soit de façon irréversible et permanente (stérilisation)..
[arm, armed, unarmed, deactivation, sterilization] Ref: 4187, AOP-31.	[armer, armé, non armé, désactivation, stérilisation] Réf: 4187, AOP-31.
discriminating circuit	**circuit d'analyse**
Sea mines: That part of the operating circuit of a sea mine which distinguishes between the response of the detecting circuit to the passage of a ship and the response to other disturbances (e.g., influence sweep, countermining, etc.) (AAP/6)	*Mines navales:* Partie d'un circuit de mise de feu qui fait la distinction entre la réponse du détecteur à une cible et la réponse à d'autres perturbations (par exemple dragues à influence, contre-minage, etc.). (AAP/6)
disposal	**mise au rebut**
The end-of-life tasks and actions for residual materials resulting from demilitarization operations. Disposal encompasses the process of redistributing, transferring, donating, selling, abandoning, or destroying military munitions.	Tâches et actions, à la fin du cycle de vie, concernant les matériaux résiduels provenant des opérations de démilitarisation. La mise au rebut comprend les processus de redistribution, transfert, don, vente, abandon ou destruction de munitions.
The Explosive Ordnance Disposal (EOD) activities are not included in this definition. [demilitarization, destruction] Ref: 4518.	Les activités de l'enlèvement et destruction des explosifs (EOD) ne sont pas visées dans cette définition. [élimination*, démilitarisation, destruction] Réf: 4518.
distant flash	**éclair lointain**
A lightning discharge which occurs at such a distance that the only coupling to the materiel is by electromagnetic radiation.	Décharge produite à une distance telle que le couplage avec le matériel s'effectue uniformément par rayonnement électromagnétique.
[far field flash*] Ref: 4236.	Réf: 4236.
dormant	**insensible**
Mines: The state of a mine during which a time delay feature in a mine prevents it from being actuated. (AAP/6)	*Mines:* État d'une mine qui ne peut être influencée du fait d'un dispositif de réceptivité différée. (AAP/6)
[intermittent arming device]	[dispositif de réceptivité différée]
drifting mine	**mine dérivante**
A buoyant or neutrally buoyant mine free to move under the influence of waves, wind, current or tide. (AAP/6)	Mine flottante ou de flottabilité nulle pouvant se déplacer librement sous l'effort des vagues, du vent, des courants ou des marées. (AAP/6)
drop	**chute**
The deliberate or accidental release of a suspended or supported body, either with or without some degree of imposed restraint during the ensuing fall.	Relâchement délibéré ou accidentel d'un corps suspendu ou retenu, celui-ci pouvant éventuellement être freiné après avoir été lâché.
[fall*, free fall, impact, shock] Réf: 4375, 2914; AECP-1.	[chute libre, impact , choc] Réf: 4375, 2914; AECP-1.

drop height	**hauteur de chute**
The shortest vertical distance between the test item and the impact surface. Ref: 4375, 2914; AECP-1.	Distance verticale minimale entre le spécimen d'essai et la surface d'impact. Réf: 4375, 2914; AECP-1.
dud	**raté** (1)
Warhead, projectile or explosive main charge which, after firing, has not been armed as foreseen, or which did not explode after arming. The definition of AAP-6 concerns demolition materiel. [blind*, misfire]	Défaut de mise à feu ou d'explosion. 1. Le terme "raté" couvre "dud" et "misfire". 2. La définition dans l'AAP-6 concerne le matériel de destruction. 3. Voir aussi "misfire / raté". (2).
durability	**durarabilité**
The ability to continue to perform satisfactorily for a long time. [reliability]	Aptitude de continuer d'accomplir les fonctions pendant une période prolongée. [fiabilité]
early burst	**éclatement prématuré**
A malfunction in which the munition functions after the arming delay but before sensing the designed functional stimulus from either target or command. For proximity fuzes, following safe separation, an explosion prior to the design height of burst environment is considered to be an early burst. [premature] Ref: 4187.	Défaut de fonctionnement qui fait que la munition fonctionne après le retard d'armement mais avant de capter le signal fonctionnel prévu provenant de l'objectif ou du commandement. Dans le cas des fusées de proximité, une fois atteinte la distance de sécurité, on considère qu'il y a éclatement prématuré lorsque l'explosion se produit avant que le projectile arrive dans la plage des hauteurs nominales d'éclatement. [prématuré] Réf: 4187.
effectiveness on target	**efficacité sur la cible**
The intended operational terminal effect of a munition, e.g., target destructive capacity, illumination power, screening effect, disturbing capability, stopping power, usually stated in quantitative terms. [performance*, terminal ballistics*, acceptable performance]	L'effet terminal d'une munition, dans les conditions opérationnelles prévues, par exemple capacité de destruction d'une cible, puissance éclairante, masquage, diminution de la capacité offensive, généralement exprimé en termes quantitatifs. [performance*, balistique terminale *, performance acceptable]
electric ignition	**allumage électrique**
The activation of an initiator in a pyrotechnic train by direct application of electrical energy. [electric initiation] Ref: 4368, 4560.	Activation de l'allumeur de la chaîne d'allumage par l'application directe d'énergie électrique. [amorçage ou initiation électrique] Réf: 4368, 4560.
electric initiation	**amorçage électrique**
The activation of an initiator in an explosive train by direct application of electrical energy. [electric ignition] Ref: 4560.	Activation de l'initiateur de la chaîne pyrotechnique par l'application directe d'énergie électrique. [allumage électrique, initiation électrique] Réf: 4560.

electrically representative material (ERM)	**matériau électriquement représentatif**
(N)EMP testing: A material of which the real part (R) and imaginary part (X) of its radio frequency impedance (R+jX) in the frequency band 1 kHz-100 MHz are similar to those of the original material which has to be simulated. Ref: 4416.	*Essais IEM(N)*: Matériau pour lequel les parties réelles (R) et imaginaire (X) de son impédance électromagnétique (R + jX) dans la bande 1 kHz - 100 MHz, sont analogues à celles du matériau originel qui est simulé. Réf: 4416.
electrochemical reduction	**réduction électrochimique**
Disposal: Treatment of organic wastes by generation of highly oxidizing species in an electrochemical cell and utilizing these to oxidize the waste to carbon dioxide and water. Ref: 4518.	*Mise au rebut*: Traitement de déchets organiques dans une cellule électrochimique par génération de produits fortement oxydants. Ceux-ci transforment les déchets en dioxyde de carbone et eau. Réf: 4518.
electro-explosive device (EED)	**dispositif électro-pyrotechnique (DEP)**
A one shot explosive or pyrotechnic device used as the initiating element in an explosive or mechanical train and which is activated by the application of electrical energy.	Dispositif monocoup, utilisé comme élément d'amorçage dans une chaîne pyrotechnique ou mécanique et qui est activé par l'apport d'énergie électrique.
[electro-explosive device firing system] Alternative definitions in AAP-6 and AASTP-3. Ref: 4234, 4324, 4560, AOP-31.	[dispositif électro-explosif*, système de mise de feu par dispositif électro-explosif] Définitions alternatives dans l'AAP-6 et l'AASTP-3. Réf: 4234, 4324, 4560, AOP-31.
electromagnetic pulse (EMP): See STANAG 3968 and AECTP-500.	**impulsion électromagnétique**: Voir STANAG 3968 et AECTP-500.
electromagnetic radiation environment (EMRE)	**environnement de radiations électromagnétiques**
The intensity, frequency and time distribution of the rf radiation in the range 200 kHz to 40 GHz existing at a location. Ref: 4234.	Intensité, fréquence et distribution temporelle de rayonnement électromagnétique dans la gamme de 200 kHz à 40 GHz, qui existent à un endroit donné. Réf: 4234.
electrostatic charge level	**niveau de charge électrostatique**
Service environment: The electrostatic charge acquired by personnel or materiel involved in NATO operations.	*Environnement propre au service*: Charge électrostatique acquise par le personnel ou le matériel engagé dans des opérations OTAN.
The electrostatic charge, Q, measured in Coulomb, is the product of C: the capacitance of the individual or material and V: the voltage: $Q = CV$. The energy stored, $J = \frac{1}{2}C \cdot V^2$. Ref: 4235.	Cette charge Q (Coulomb) est égale à CV, C étant la capacité de la personne ou du matériel et V la tension acquise. L'énergie accumulée, J (Joule), est égale à $\frac{1}{2}C \cdot V^2$. Réf: 4235.
electrostatic discharge (ESD)	**décharge électrostatique**
A transfer of electrostatic charge between bodies of different electrostatic potentials through the air (air discharge) or through direct contact (contact discharge).	Transfert de la charge électrostatique entre des corps de potentiels électrostatiques différents dans l'air (décharge aérien) ou à la suite d'un contact direct (décharge par contact direct).
embedded software	**logiciel intégré en mémoire morte**
Software fixed in the computer in the "Read Only" memory (ROM) Ref: 4187.	Logiciel implanté dans la mémoire morte (ROM) d'un ordinateur. Réf: 4187.

enable	effacer les sécurités
Fuzing systems: To remove or deactivate the safety features which prevent arming, thus permitting arming to occur subsequently. [deactivation, armed, disarm, unarmed, unsafe state] Ref: 4187, 4497, AOP-20, AOP-31.	*Systèmes de fusée :* Retirer ou désactiver les dispositifs de sécurité qui empêchent l'armement, ce qui permet par conséquent l'armement ultérieur. [mise en état de service*, désactivation, armé, désarmement, non armé, état dangereux] Réf : 4187, 4497, AOP-20, AOP-31.
end-of-life	**fin de vie de service**
The period of time from when a munition is no longer suitable or no longer required for military use to when demilitarization and disposal activities have been completed. [disposal, demilitarization reuse] Ref: 4518.	Période pendant laquelle une munition n'est plus apte au service et plus nécessaire pour l'utilisation militaire, jusqu''a l'achèvement de sa démilitarisation ou sa mise au rebut. [mise au rebut, démilitarisation, réutilisation] Réf: 4518.
energetic material	**matière énergétique**
A substance or mixture of substances, which by chemical reaction, is capable of rapidly releasing energy. [explosive material]	Matière ou mélange de matières capable de dégager rapidement de l'énergie. [matière explosive]
environment	**environnement**
1. *Source of influences on materiel (donor aspect.:* The total set of all external natural and induced conditions to which a materiel is exposed at a given moment, during a specified period of time. The descriptions of the environments of an item are based on its life cycle. An environmental profile is a synthesis of all environments belonging to a given life cycle. [environmental profile, life cycle, service environment] Ref: AOP-15 and many other AC/310 documents, AECTP-100, AECTP-200. 2. *The surroundings of a source (acceptor aspect):* Anything and anybody present in the neighbourhood of a source likely to undergo its influences. Ref: 4518.	1. *Source d'influences sur un matériel (aspect donneur.:* Ensemble de toutes les conditions physiques et chimiques auxquelles un matériel est exposé à un moment ou pendant une période de temps spécifié. Les descriptions des environnements d'un article sont basées sur son cycle de vie. Un profil d'environnement est une synthèse de tous les environnements qui appartiennent à un cycle de vie donné. [cycle de vie, environnement de service] Réf: AOP-15 et plusieurs autres documents AC/310, AECTP-100, AECTP-200. 2. *Les environs d'une source (aspect récepteur):* Toute chose, matière ou personne susceptible de subir les influences de la source. Réf: 4518.
environmental force	**force d'environnement**
A specific stimulus obtained from the environment. (OB) Environmental forces are the elements of an environmental profile. [environmental factor*, forcing function*, constraint*]	Excitation spécifique reçue de l'environnement. Les forces d'environnement sont les éléments du profil d'environnement. [force ambiante*, facteur d'environnement*, contrainte*]

environmental profile	profil d'environnement
A synthesis of all external conditions, whether natural or induced, to which items or materiel are expected to be subjected during a specified period of time or handling: the complete life cycle, storage life, operational life, one or a specified number of missions, disassembly, disposal, etc.	Synthèse de tous les facteurs extérieurs, d'origine naturelle ou artificielle, dont les articles ou matériels sont prévus d'être soumis pendant une période spécifiée ou une manipulation: tout le cycle de vie, durée de vie en service, durée de vie de stockage, durée de vie opérationnelle, une mission ou un nombre spécifié de missions, démontage, destruction, etc.
[credible environment*, which includes explicitly extreme events to be considered for MURAT testing following STANAG 4439, life cycle, service environment, service life]	[environnement crédible*, qui inclut explicitement les événements extrêmes à considérer pour les essais de muratisation suivant STANAG 4439, cycle de vie, environnement de service, durée de vie en service]
1. The effects of the environmental conditions are physical, chemical, electromagnetic, electrostatic and nuclear effects, whether natural or induced, to which a munition is likely to be subjected throughout its service life (AOP-15, AECTP-200).	1. Les conditions d'environnement occasionnent des effets physiques, chimiques, électromagnétiques, électrostatiques et nucléaires, des effets naturels ou induits que la munition subit durant sa durée de vie (AOP-15, AECTP-200).
2. Environmental forces are the elements of an environmental profile.	2. Les forces d'environnement sont les éléments d'un profil d'environnement.
environmental requirement	**exigence du point de vue de l'environnement**
A detailed specification of the environmental conditions for which a materiel is required to be and remain safe and suitable for service during its life cycle.	Spécification détaillée des conditions de l'environnement dans lesquelles un matériel doit être et rester en sécurité et apte au service durant tout son cycle de vie.
The environmental requirements for munitions safety are usually more extensive and at more severe levels than for munitions reliability. Ref. AOP-15, AECTP-100.	Les exigences par rapport à l'environnement sont habituellement plus étendues et les niveaux plus sévères que par rapport à la fiabilité. Réf. AOP-15, AECTP-100.
environmental sensor: See "sensor".	**détecteur d'environnement**: Voir "capteur".
environmental test equipment: See AECTP-100.	**équipement d'essais d'environnement**: Voir AECTP-100.
equipment transient test level (ETTL)	**niveau d'essais transitoires pour une arme**
Lightning tests: See STANAG 4327.	*Essais foudre*: Voir STANAG 4237.
evaluation : See "assessment".	**évaluation** -
event tree: See "event tree analysis".	**arbre d'événements** : Voir "analyse d') arbre d'événements".
event tree analysis	**analyse d'arbre d'événements**
Tree procedure related to a given failure (recognized), used to analyse the consequences of this failure on the system, to determine whether the final states obtained contain one or more feared potential events.	Démarche arborescente qui, à partir d'une défaillance donnée (retenue), se propose d'analyser ses conséquences à travers le système pour rechercher si les états finaux obtenus contiennent un ou plusieurs événements redoutés.

exercise mine	**mine d'exercice**
Sea mines: A mine suitable for use in mine warfare exercises, fitted with visible or audible indicating devices to show where and when it would normally fire. (AAP-6) [practice mine]	*Mines navales:* Mine utilisée lors des exercices de guerre des mines, comportant un dispositif audible ou visuel indiquant le lieu et l'instant où elle exploserait. (AAP-6) [mine d'instruction]
exploder 1. Equipment used to initiate firing. 2. A device assigned to generate an electric current in a firing circuit after deliberate action by the user in order to initiate an explosive charge or charges. (AAP-6) [blasting machine* - US, MIL-STD-444]	**exploseur** 1. Équipement utilisé pour initier la mise à feu. (GTPS) 2. Appareil destiné à provoquer un courant électrique dans un circuit de mise de feu, sous action volontaire de l'utilisateur afin d'actionner une ou plusieurs charges. (AAP-6) [(2): explodeur, équipement de mise de feu*]
exploding bridge wire (EBW) initiator An electro-explosive device which, when subject to high energy, short duration electrical pulse, heats up very rapidly, partially sublimes and then explodes, projecting high energy particles, causing a detonation in a relatively insensitive explosive which is in direct contact with the bridge wire. [electro-explosive device] Ref: 4560.	**dispositif électro-pyrotechnique à fil explosé** Dispositif électro-pyrotechnique qui, étant soumis à une impulsion électrique de courte durée et à énergie élevée, subit un échauffement très rapide avec une sublimation partielle suivie d'une expansion avec projection de particules de grande énergie, provoquant la détonation d'une matière explosive relativement peu sensible placée en contact direct avec le filament. [dispositif électro-pyrotechnique] Réf: 4560.
exploding foil initiator (EFI) An electro-explosive device with a low resistance bridge which, when subjected to a high energy, short duration, electrical pulse, converts electrical energy into kinetic energy to project a high velocity flyer plate which, on impact, causes a detonation in a relatively insensitive explosive material which is not in direct contact with the bridge. Remark : When used as the initiator in a fuze with non-interrupted explosive train, the explosive shall be approved for in line use. [slapper detonator*] Ref: 4560.	**dispositif électro-pyrotechnique à élément projeté** Dispositif électro-pyrotechnique muni d'un pont à faible résistance qui, après avoir reçu une brève impulsion de forte énergie, convertit l'énergie électrique en énergie cinétique destinée à projeter une paillette à grande vitesse qui, à l'impact, provoque la détonation d'une matière explosive relativement insensible et qui n'est pas en contact direct avec le pont. Observation : En cas d'utilisation comme initiateur dans une chaîne pyrotechnique non interrompue dans une fusée, la matière explosive doit être approuvée pour une utilisation en ligne. [détonateur "slapper"*, détonateur à percussion] Réf: 4560.
explosion A nuclear, chemical or physical process leading to the sudden release of energy. The term "explosion" is sometimes used to describe a special type of explosive reaction and its effects on the environment. [detonation, deflagration]	**explosion** Processus nucléaire, chimique ou physique conduisant à la libération brutale d'énergie. Le terme "explosion" est parfois utilisé pour décrire un type de réaction explosive spécifique et ses effets sur l'environnement. [détonation, déflagration]

explosion-to-detonation transition (XDT) A delayed transition of a unstable violent reaction into detonation. [delayed detonation to detonation transition*, deflagration-to-detonation transition, shock-to-detonation transition]	**transition d'une réaction retardée ou inconnue en détonation (TXD)** Transition retardée d'une réaction violente non stable vers la détonation. [transition de déflagration en détonation, transition de choc en détonation]
explosive: See "explosive material".	**matière explosive -**
explosive aerosol: See "fuel-air explosive".	**aérosol explosif**: Voir "explosif combustible-air".
explosive component A discrete item in a munition that contains energetic material. Ref: 4363.	**composant pyrotechnique** Composant particulier dans une munition, qui contient une matière énergétique. Réf: 4363.
explosive material A substance (or a mixture of substances) which is capable by chemical reaction of producing gas at such a temperature and pressure as to cause damage to the surroundings. Included are pyrotechnic substances even when they do not evolve gases. The term "explosive" thus includes all solid and liquid materials variously known as high explosives and propellants, together with igniter, primer, initiatory and pyrotechnic (e.g., illuminants, smoke, delay, decoy, flare and incendiary) compositions. STANAG 4170 refers only to those explosive materials whose application requires that they shall react reliably on demand. [energetic material, fuel-air explosive] Ref: 4170, AOP-7, AOP-26, 4397,	**matière explosive** Matière (ou mélange de matières) qui peut par réaction chimique dégager des gaz à une tempé-rature et une pression susceptibles de provoquer des dommages aux alentours. Ceci s'applique aussi aux matières pyrotechniques même lorsqu'elles ne dégagent pas de gaz. Ainsi le terme "matière explosive" englobe ainsi toutes les matières solides et liquides qui reçoivent les appellations diverses d'explosifs et de propergols, de même que les compositions pyrotechniques (par exemple d'initiation, d'allumage, éclairantes, fumigènes, retardatrices, leurrantes, de signalisation et incendiaires). STANAG 4170 concerne seulement aux matières explosives dont l'emploi exige une réaction fiable à la demande. [matière énergétique, explosif combustible - air] Réf: 4170, AOP-7, AOP-26, 4397.
explosive ordnance disposal (EOD) The detection, identification, field evaluation, rendering safe, recovery and final disposal of unexploded explosive ordnance. See AAP-6 for a more extended definition. [disposal]	**enlèvement et destruction des explosifs** Ensemble des opérations comprenant la détection, l'identification, l'appréciation sur le terrain, la mise hors d'état de fonctionner, l'enlèvement et finalement la destruction définitive des munitions non explosées. Voir l'AAP-6 pour une définition plus élaborée. [neutralisation des munitions explosives*, mise au rebut]
explosive slurry *Demolition materiel*: Suspension of an explosive mixture in water or other liquid. Ref: AOP-31.	**bouillie explosive** *Matériel de destruction*: Solution aqueuse d'un mélange explosif de matières énergétiques. Réf: AOP-31.

explosive train	chaîne pyrotechnique
1. The detonation or deflagration transfer mechanism (i.e., train) beginning with the first explosive element (e.g., primer, detonator) and terminating in the main charge. 2. A set of functionally linked explosive components which receive, from the surroundings, a non-explosive input of energy, which provide the transmission of explosive phenomena and which produces as output one or several non-explosive effects (light, noise, shock waves, etc). (GTPS) The input energy may be: electrical, mechanical, photonic, heat, etc. The explosive phenomena are: combustion, deflagration, detonation. Their induced effects are: temperature, pressure, and shock. The output effects are: mechanical, thermal, photonic, etc. [pyrotechnic train] Ref: 4363, AOP-20, AOP-21, AOP-31.	1. Chaîne de détonation ou de déflagration (c'est-à-dire le dispositif matériel de transmission), commençant avec le premier élément explosif (ex. l'amorce, le détonateur) et se terminant par la charge principale. 2. Ensemble de composants pyrotechniques liés fonctionnellement recevant, du milieu extérieur, une énergie d'entrée non pyrotechnique, assurant la circulation de phénomènes pyrotechniques et produisant en sortie un ou plusieurs effets non pyrotechniques (lueur, bruit, onde de choc, ...) (GTPS) L'énergie d'entrée peut être: électrique, mécanique, photonique, thermique, etc. Les phénomènes pyrotechniques sont: la combustion, la déflagration, la détonation, et leurs effets induits: une température, une pression, un choc. Les effets de sortie sont: mécaniques, thermiques, photoniques, etc. [chaîne d'allumage] Réf: 4363, AOP-20, AOP-21, AOP-31.
explosiveness A measure of the explosive response to a given stimulus in a defined system. It is dependent not only on the explosive, but also on the mass, physical state, configuration and confinement. [sensitiveness, performance]	**explosivité** Mesure de la réponse explosive à un stimulus donné dans un système défini. Elle dépend non seulement de la matière explosive mais aussi de sa masse, son état physique, sa configuration et son confinement. [sensibilité, performance]
extreme service conditions pressure (ESCP) *Cannon systems*: The chamber pressure developed when firing the specified system under extreme service conditions. (4110) The method of calculation is explained in STANAG 4110.	**pression dans les conditions d'utilisation extrêmes (PCUE)** *Systèmes de canon*: La pression de chambre développée au cours du tir du système spécifié dans les conditions d'utilisation extrêmes. (4110) La méthode de calcul est expliquée dans STANAG 4110.
extreme service environment The most detrimental environmental conditions in which the materiel is expected to be and remain safe and serviceable. Examples are : Blaze, or battlefield conditions such as fragment impact, nearby detonations, etc. Ref: 4439, AOP-39.	**environnement extrême propre au service** Conditions d'environnement les plus nuisibles dans lesquelles le matériel est attendu d'être et de rester en état de sécurité et d'aptitude au service. Exemples : Incendie, conditions de combat telles que impact de fragments, détonation en proximité, etc. Réf : 4439, AOP-39.

fail-safe	sécurité positive
1. *General:* Characteristic which prevents faults from becoming critical faults. A fail-safe design is one which ensures the system is put into a safe condition if a fault occurs. (HSystSäke)	1. *En général:* Caractéristique qui empêche un défaut de devenir un défaut critique. Une conception de sécurité positive en est une qui assure que le système est mis en état de sécurité si un défaut a lieu.
2. *Fuzing systems:* A design feature of a fuzing system which renders the munition incapable of arming and functioning upon malfunction of safety feature(s) or exposure to out of sequence arming stimuli or operation of components. Ref: 4187, AOP-31, MIL-STD 882.	2. *Systèmes de fusée:* caractéristique de la définition d'un système de fusée qui rend l'armement ou le fonctionnement impossible suite au dysfonctionnement d'un dispositif de sécurité, ou, en dehors de la séquence d'armement, à une exposition à des stimuli ou au fonctionnmeent de composants. Réf: 4187, AOP31, MIL-STD 882.
failure (1) The event in which any item or part of an item does not perform as specified, or its safety or reliability is compromised. [reversible failure, irreversible failure, fault] Ref: ARMP-1.	**défaillance** Evénement au cours duquel un article ou une pièce de cet article ne fournit pas les performances spécifiées, ou sa sécurité ou sa fiabilité est compromise. [défaillance réversible, défaillance irréversible, défaut] Réf: ARMP-1.
failure (2). See "misfire".	**raté** (2)
failure cause The conditions giving rise to a failure, such as the circumstances during design, manufacture, assembly, installation, or use that have lead to the failure. Examples are: probable personnel error, environmental force, ageing, design characteristics, procedural deficiencies, or subsystem or component failure or malfunction, or combinations thereof. Ref: ARMP-1.	**cause de défaillance** Les conditions qui donnent lieu à une défaillance, telles que les circonstances pendant la conception, la fabrication, l'installation ou l'utilisation qui ont emmenées une défaillance. Exemples: une erreur humaine probable, une force d'environnement, le vieillissement, les caractéristiques de la conception, les fautes de procédure, ou défaillance ou un dysfonctionnement d'un sous-système ou d'un composant ou des combinaisons de ces éléments. Réf : ARMP-1.
failure mode The characteristics of a fault which causes a system failure.	**mode de défaillance** Les caractéristiques d'une défaillance qui provoque une défaillance du système.
failure mode, effects (and criticality) analysis (FMEA, FMECA) Analytic procedure to evaluate the effects, (probability and criticality) of failure modes.	**analyse des modes de défaillance, de leurs effets (AMDE) et de leur criticité (AMDEC)** Procédure analytique pour l'évaluation des effets, (la probabilité et la criticité) des modes de défaillance.
failure probability The probability a system will fail during a specified time period or on demand.	**probabilité de défaillance** La probabilité qu'un système faillit (tombera en panne) pendant une période de temps spécifiée ou au moment d'une demande.

failure tolerance Aptitude of a product or system, following a failure: - to continue the mission (fail operational) - to achieve a safety state (fail safe).	**tolérance aux pannes** Aptitude d'un produit ou système, à permettre après une défaillance: - la continuation de la mission (défaillance opérationnelle) ou - l'obtention d'un état de sécurité (sécurité positive)
family of nose fuzes Fuzes that are interchangeable with the same projectile, e.g., point detonating, mechanical-time, proximity. For acronyms, see STANAG 2916.	**famille de fusées d'ogive** Fusées interchangeables avec le même projectile, par exemple fusée percutante, fusée mécanique à temps, fusée de proximité. Pour les acronymes, voir STANAG 2916.
far field A region at a distance from the emitter within which the electromagnetic radiation consists of electric and magnetic fields which bear a constant relationship to one another and the power density decreases as the square of the distance from the emitter. [Fraunhofer region*, near field] Ref: 4234.	**champ lointain** Région éloignée de l'émetteur dans laquelle les composantes électriques et magnétiques du champ présentent un rapport constant et la densité de puissance décroît comme le carré de la distance à l'émetteur. [zone de Fraunhofer*, champ proche] Réf: 4234.
far field flash: See "distant flash".	**éclair lointain** -
far field strike: See STANAG 4236.	**coup de foudre lointain**: Voir STANAG 4236
fast heating: See STANAG 4240 [cook-off, slow heating]	**échauffement rapide**: Voir STANAG 4240. [explosion par échauffement, échauffement lent]
fault: See "failure".	**défaillance** -
fault tree analysis (FTA) A method of analysing the logical combinations of various system states (basic events) which lead to the particular failure outcome (top event).	**analyse d'arbre de défaillance** Méthode pour analyser les combinaisons logiques de différents états du système (événements deb ase) qui mènent à une défaillance particulière (événements de crête).
field impedance: See STANAG 4324	**impédance d'onde**: Voir STANAG 4324
field strength The magnitude of an electric or magnetic field associated with the electromagnetic radiation expressed in volts / metre ($V \cdot m^{-1}$). Ref: 4234.	**amplitude du champ** Intensité du champ électrique ou magnétique qui, associée au rayonnement électromagnétique, s'exprime en Volt / mètre ($V \cdot m^{-1}$). Réf: 4234.
film bridge initiator An electro-explosive device where the power dissipated by the passage of current through a resistive vacuum deposited film or foil of very small dimensions is used to initiate by heating a primary explosive which is in intimate contact with the film or foil. [electro-explosive device] Ref: 4560.	**dispositif électro-pyrotechnique à feuille chaude** Dispositif électro-pyrotechnique dans lequel la puissance dissipée par le passage d'un courant électrique au travers d'un film résistif de très petites dimensions, déposé sous vide, sert à initier par chaleur une matière explosive primaire qui est en contact étroit avec le film. [dispositif électro-pyrotechnique] Réf: 4560.

final (or type) qualification	homologation finale
Explosive materials: Final qualification relates to the use of the explosive material in a specific application or munition. Final qualification is given when the explosive has been assessed as part of the design of the specific munition, and predicted to be safe and suitable for military operational or training use in that role. The database of results is a means of undertaking "Risk Assessment". [type qualification*, qualified explosive, qualification] Ref: 4170, AOP-7, AOP-26.	*Matières explosives:* L'homologation finale s'applique à l'emploi de la matière explosive dans une application ou une munition spécifique. L'homologation finale est délivrée quand la matière a été évaluée au titre de la conception de la munition et lorsqu'on a pu prédire que, dans son rôle en question, elle peut être employée en toute sécurité à des fin opérationnelles ou d'instruction militaires. La base de données des résultats est un moyen d'appréhender "l'évaluation des risques". [homologation type*, qualification, matière explosive homologuée] Réf: 4170, AOP-7, AOP-26.
fireset	**dispositif de mise de feu**
EED testing: A high voltage firing unit designed to produce an electrical pulse with specific characteristics which normally consists of a firing capacitor, trigger vacuum gap switch and its trigger circuitry. Such a device is normally only used with EFI or EBW initiators. (4560)	Dispositif d'amorçage à haute tension conçu pour produire une impulsion électrique présentant des caractéristiques spécifiques, qui consiste normalement en un condensateur d'amorçage et un commutateur sous vide déclenché avec son circuit de déclenchement. Un tel dispositif n'est normalement utilisé qu'avec les initiateurs à film projeté ou à fil explosé. (4560)
firing	**mise à feu**
The action to set off an explosive event.	Action de déclencher un événement pyrotechnique. (GTPS)
firing capacitor	**condensateur de mise de feu**
Electric ignition: A device which can store an electric charge, intended to fire the initiator(s) of a fuzing or firing system.	*Allumage ou amorçage électrique :* Dispositif qui peut accumuler une charge électrique, prévue pour la mise à feu d' un système de fusée ou de mise de feu.
firing circuit	**circuit de mise de feu**
1. *Electric/electronic fuzing systems:* The complete (sub)system including the electro-explosive device (EED), power supplies and all associated electrical and electronic components and circuitry necessary for normal EED firing. Ref: 4238, 4416, 4187. 2. *Demolition materiel:* The electrical and explosive circuit connecting the firing control system and the demolition charges to permit their initiation. Ref: AOP-31. Alternative definition in AAP-6 and AAP-19.	1. *Systèmes de fusée électriques/électroniques:* (Sous)système complet comprenant les dispositif électro-pyrotechnique (DEP), l'alimentation de puissance et tout composants et circuits électriques et électroniques qui sont nécessaires pour la mise à feu normale du DEP. Réf: 4238, 4416, 4187. 2. *Matériel de destruction:* Circuit électrique et pyrotechnique reliant le système de commande de mise de feu avec les charges principales pour permettre leur initiation. Réf: AOP-31. Définition alternative dans l'AAP-6 et l'AAP-19

firing control delay The time elapsed from achievement of the armed condition to the time when controls on the delivery of a firing stimulus are removed. Ref: 4497.	**retard de mise à feu** Durée à partir de la réalisation de la condition armée jusqu'au moment où les verrouillages de mise à feu sont écartées. Réf: 4497.
firing control system The equipment used to provide the required stimulus (stimuli) to initiate the explosive train of a demolition system: electricity, light, EMR, mechanical energy, heat. Examples: exploder; firing control box with radio transmitter. Ref: AOP-31.	**système de commande de mise de feu** Equipement utilisé pour délivrer le(s) stimulus nécessaire(s) pour initier la chaîne pyrotechnique d'un système de destruction: électricité, lumière, radiation EM, énergie mécanique, chaleur. Exemples: exploseur; boîtier de commande avec émetteur radio. Réf: AOP-31.
firing energy Energy available in a munition or a weapon system to cause its firing.	**énergie de mise à feu** Énergie disponible dans une munition ou une arme pour sa mise à feu.
firing interval *Cannons , mortars and automatic weapons*: Time lapse between two successive firings during a sustained firing. See also the term "interval" in AAP-6, 6. [rate of firing]	**intervalle de tir** *Canons, mortiers et armes automatiques*: Délai entre les coups de feu successifs pendant un tir en rafale. Voir aussi AAP-6, 6 : intervalle. [cadence de tir]
firing level The level of a functional stimulus at which the probability of a successful firing of an explosive charge is estimated with a determined level of confidence (e.g., 95% double sided). The stimulus may be expressed as electrical, mechanical energy or power, like current-time, drop mass-height or gap width as an explosiveness parameter. [all-fire level, no-fire threshold, function level] Ref: AOP-32.	**niveau de mise à feu** Niveau d'un stimulus de fonctionnement auquel la probabilité de mise à feu réussie d'une charge explosive est estimé avec un niveau de confiance déterminé (p.e. 95% bilatéral). Ce stimulus peut être exprimé en termes d'énergie électrique, mécanique ou puissance, comme courant-durée de temps, masse-hauteur de chute ou distance d'ouverture comme para-mètre d'essai d'explosivité. [seuil de mise à feu, seuil de non-mise à feu, niveau de fonctionnement] Réf: AOP-32
firing rate: See "rate of firing".	**cadence de tir** -
firing stimulus A stimulus that will initiate the first explosive element in an explosive train. Ref: 4187.	**stimulus de mise à feu** Stimulus qui engendra l'initiation du premier élément d'une chaîne pyrotechnique. Réf: 4187.
firing stimulus relay system In a firing system of a deployed demolition system, the system conducting or transmitting the firing stimulus from the firing control system to the detonation relay system. [firing circuit, detonation relay system] Ref: AOP-31.	**système de relais de stimulus de mise de feu** Dans un système de mise de feu d'un système de destruction déployé, système qui conduit ou transmet le stimulus de mise à feu du système de commande vers le système de relais de détonation. [circuit de mise de feu, système de relais de détonation] Réf: AOP-31.

firing system 1. *Launching systems:* The aggregate of devices in a munition and its associated weapon system (including cannon, launcher and munition launch platform), which generate and control the operating signal to cause propelling charge or the propulsion system to function. For rockets and missiles: ignition system. 2. *Demolition materiel:* A system composed of elements designed to fire the main charge or charges. (AAP-6) Ref: AOP-31. A demolition firing system thus comprises the firing control system and the firing circuit. Together with the main charges it forms the demolition system. [initiation system]	**système de mise de feu** 1. *Systèmes de lancement:* Ensemble des équipements de la munition et le système arme associé (y compris la bouche de feu ou le tube lanceur et la plate-forme de lancement) qui génère et contrôle le signal qui occasionne le fonctionnement de la charge propulsive ou le système de propulsion. Pour les fusées et les missiles: système d'allumage. 2. *Matériel de destruction:* Ensemble des éléments permettant de mettre en oeuvre la ou les charges principales. (AAP-6) Réf: AOP-31. Un système de mise de feu de destruction comprend donc le système de commande de mise de feu et le circuit de mise de feu. Avec les charges principales il constitue le système de destruction. [dispositif d'amorçage]
firmware *Computing systems:* Instructions fixed in the computer in the "Read only" memory. The combination of a hardware device and computer instructions or computer data that reside as "read only" software on the hardware device. [embedded software] Ref: 4368, 4404, 4452.	**documentation industrielle** (ou **firmware**) *Systèmes informatiques:* Logiciel intégré dans la mémoire morte. La combinaison d'un dispositif "hardware" et des instructions ou des données d'ordinateur déposées en lecture seule sur le dispositif. [logiciel intégré en mémoire morte] Réf: 4368, 4404, 4452.
first return stroke - *Lightning*: See STANAG 4236.	**coup en retour initial** - *Foudre*: Voir STANAG 4236.
flash – *Lightning:* See STANAG 4236.	**éclair** - *Foudre*: Voir STANAG 4236.
floating mine *Sea mines:* A mine visible on the surface. (AAP-6)	**mine flottante** *Mines navales*: Mine visible en surface. (AAP-6)
forcing function: See "environmental force".	**force d'environnement** -
Fraunhofer region: See "far field".	**zone de Fraunhofer**: Voir "champ lointain".
free fall The unrestrained vertical descent experienced by an unsupported body, due entirely to the influence of gravity. [drop, shock, impact] Ref: 2914; AECP-1, 4375.	**chute libre** Descente verticale non freinée que subit un corps non soutenu, uniquement due à la force de la gravité. [chute, choc, impact] Réf: 2914; AECP-1, 4375.
Fresnel region See "near field".	**zone de Fresnel**: Voir "champ proche".

fuel-air explosive	explosif combustible – air
Liquids, slurries, gases or dust particles which exhibit explosive properties when mixed with air.	Liquides, bouillies, gaz ou matières pulvérulentes possédant des propriétés explosives en mélange avec l'air
The individual substances may not be explosives. The mixtures of combustible liquids (slurries) and air ordinarily require initiation by a booster explosive. [explosive aerosol *, slurry] Ref: AOP-7, AOP-31.	Prises séparément, ces diverses substances peuvent ne pas être explosives. Les mélanges air-combustible liquide / bouillie doivent être amorcés à l'aide d'un explosif de relais. Voir aussi l'AOP-7. [aérosol explosif*] Réf: AOP-7, AOP-31.
function (1)	**fonctionnement**
Materiel: Production of the output and/or effects for which a (sub)system or an element thereof is designed.	*Matériel:* Production de la sortie et/ou des effets pour lesquels un (sous)-système ou un de ses éléments a été conçu.
For a munition, this covers all events in a munition during and after its firing leading to the explosive output of the main charge or other designated terminal effect. For a fuzing system, the production of an output capable of initiating a train of fire or detonation in an associated munition.	Pour une munition, cela couvre tout événement dans une munition après le tir, qui conduit à la sortie explosive de sa charge principale ou autre effet terminale. Pour un système de fusée, la production d'une sortie capable d'initier la chaîne pyrotechnique d'une munition associée.
[output, performance, effectiveness on target]	[sortie, performance, efficacité sur la cible]
function (2)	**faire fonctionner**
Human action: Execution of the arming and firing sequences, as designed, such that the explosive train is aligned and initiated or some other energy source is activated.	*Activité humaine*: Exécution des séquences d'armement et de mise à feu, suivant la conception, de manière à aligner et initier la chaîne pyrotechnique ou l'activation d'une autre source d'énergie.
[deployment] Ref: 4333, 4432, 4433.	[mise en oeuvre] Réf: 4333, 4432, 4433.
function level	**niveau de fonctionnement**
The level of a functional stimulus at which the probability of a successful functioning of a receptor is at a level estimated with a determined level of confidence (e.g.,95% double sided).	Niveau d'un stimulus de fonctionnement auquel la probabilité de fonctionnement réussi d'un récepteur est estimé avec un niveau de confiance déterminé (p.e. 95% bilatéral).
[firing level – for explosive events]	[niveau de mise à feu - pour événements pyrotechniques]
functional stimulus	**stimulus de fonctionnement**
Any physical agent able to provoke a specified function or reaction. Such a physical agent may be mechanical, electrical, irradiated or other form of energy, impulse or pyrotechnic or explosive output.	Tout phénomène physique, capable de provoquer une fonction ou une réaction. Un tel phénomène peut être mécanique, électrique, radiative ou autre forme d'énergie, sortie impulsionnelle, ou pyrotechnique ou explosive.
The item which produces the stimulus is called the donor; the device or substance in which the reaction can be provoked is called the acceptor.	L'article qui produit le stimulus est appelé le donneur; le dispositif ou la substance dans lequel la réaction peut être provoquée s'appelle le récep-teur.
fuse, blasting, time: See "safety fuze".	**mèche lente** -

fuze	fusée
A single device which controls the initiation of a munition.	Dispositif particulier qui contrôle l'initiation d'une munition.
1. Alternative definition in AAP-6. 2. See also "fuzing system". [fuzing system, initiation, firing, ignition]	1. Définition alternative dans l'AAP-6. 2. Voir aussi "système de fusée". 3. "contrôler" dans le sens de "commander". 4. "Bouchon allumeur" pour mines et grenades. 5. Terme également utilisée pour missliles spatiales. [allumeur, bouchon allumeur, dispositif d'amorçage, initiation, mise de feu, allumage]
fuze -	allumeur: Voir "fusée".
fuze -	bouchon allumeur: Voir "fusée".
fuze -	dispositif d'amorçage: Voir "fusée".
fuze safety system	système de sécurité de fusée
Fuzing systems: The aggregate of devices included in the fuze to prevent its arming and functioning until a valid launch environment has been sensed and the arming delay has been achieved. Examples: environmental sensors, launch event sensors, command functioned devices, removable critical items, logic networks, plus the initiation or explosive train interrupter. [safety system] Ref: AOP-20.	*Systèmes de fusée*: Ensemble des dispositifs que comprend la fusée pour empêcher son armement et son fonctionnement jusqu'à ce que les conditions de lancement valides soient détectées et que le délai du retard d'armement soit écoulé. Exemples : détecteurs d'environnement, détecteurs de lancement, dispositifs fonctionnant sur commande, éléments critiques détachables ou réseaux logiques, plus l'interrupteur d'initiation ou de la chaîne pyrotechnique. [système de sécurité] Réf. AOP-20.
fuze setter -	débouchoir de fusée : Voir "programmateur de fusée".
fuze setter	programmateur de fusée
A device for setting a unique and required function of the fuze. For the purpose of STANAG 2916 the following are not considered to be fuze setters: (a) commonly available aids used in setting such as screw drivers, and (b) devices to aid in setting which are shipped with each box of fuzes. [setter slots] Ref: 2916, 4187.	Dispositif permettant de régler un fonctionnement unique requis de la fusée. Dans le cadre du STANAG 2916, ne sont pas considérés comme programmateurs de fusée: (a) les dispositifs auxiliaires habituellement disponibles utilisés pour le réglage tels que les tourne-vis, et (b) les appareils de réglage auxiliaires expédiés avec chaque boîte de fusées. [débouchoir de fusée*, fentes des débouchoirs] Réf: 2916, 4187.

fuzing system	**système de fusée**
A physical system designed to:	Système physique conçu pour :
a. sense a target or respond to one or more prescribed conditions, such as elapsed time, pressure, or command;	a. détecter un objectif ou réagir à une ou plusieurs conditions prescrites, par exemple le temps écoulé, la pression ou une commande ;
b. initiate an explosive train in a munition;	b. amorcer une chaîne pyrotechnique dans une munition,
c. provide as a primary role safety and arming in order to preclude munition arming before the desired position or time.	c. assurer en premier lieu la sécurité et l'armement afin de rendre impossible l'armement de la munition avant que soit atteint la position ou le moment souhaité.
A safety and arming device is a part of a fuzing system. [fuze, initiator, igniter, firing system, initiation system] Ref : 4187, AOP-20.	Un dispositif de sécurité et d'armement fait partie du système de fusée. [fusée, initiateur, allumeur, système de mise de feu, dispositif d'amorçage] Réf : 4187, AOP-20.
gas actuator	**pyromécanisme à gaz**
Device intended to perform one or several mechanical actions using the gases from the reaction of an explosive.	Dispositif destiné à réaliser une ou plusieurs actions mécaniques en utilisant les gaz produits par la réaction d'une matière explosive.
[actuator] Ref : 4519.	[actionneur pyrotechnique* (GTPS), servocommande] Réf : 4519.
gas generator	**générateur de gaz**
A munition or a subsystem of a munition, that generates gases to be used for a purpose other than providing thrust for direct rocket motor propulsion of the host munition.	Munition ou sous-système de munition qui génère des gaz destinés à être utilisés dans un but autre que celui de fournir la poussée pour la propulsion par moteur roquette de la munition hôte.
The gas generator comprises solid or liquid fuel and where applicable fuel tanks, combustion chamber, pressure monitor system, pressure release system, particle filter, initiation system, igniters and pipe work to the application system. Ref : 4519.	Le générateur de gaz se compose d'un carburant solide ou liquide, des réservoirs, d'une chambre de combustion, de capteurs de pression, du circuit de détente, du filtre des particules, les allumeurs avec le système de mise de feu et les conduits de propagation au système d'application. Réf: 4519.
generic role	**usage générique**
Qualification of explosives: Main domains for the use of explosive materials in munitions:	*Homologation de matières explosives:* Domaines principales pour l'application de matières explosives dans les munitions :
a. primary explosive;	a. explosif primaire
b. booster explosive;	b. explosif de relais pyrotechnique;
c. main charge high explosive;	c. explosif de chargement;
d. solid gun propellant;	d. propergol solide pour canons ;
e. solid rocket propellant ;	e. propergol solide pour roquettes ;
f. liquid propellant;	f. propergol liquide;
g. pyrotechnic compositions.	g. compositions pyrotechniques.
[(basic or type qualification] Ref. 4170.	[homologation] Réf. 4170.

gradient circuit	mise de feu à gradient
Mines: A circuit which is actuated when the rate of change of the magnitude of the influence is within predetermined limits. See also AAP-6.	*Mines*: Circuit de mise de feu qui ne fonctionne que sur è taux de variation du niveau de l'influence reçue se produisant entre certaines limites fixées à l'avance. Voir aussi AAP-6.
ground voltage transient	**transitoires de potentiel de masse**
Lightning tests: See STANAG 4327.	*Essais foudre* : Voir STANAG 4327.
guided missile	**missile**
A missile whose path can be controlled during flight (OB) [missile, teleguided missile, self-guided missile, projectile, rocket]	Projectile autopropulsé dont la trajectoire peut être guidée en cours de vol. [missile (télé)guidé*, fusée, munition auto-guidée, projectile, roquette]
gun powder: See "black powder".	**poudre noire -**
gun propellant	**poudre pour armes**
Substance or mixture of substances, which is required to burn in a controlled manner within a gun combustion chamber producing hot gases capable of propelling a projectile at high velocity. Combustible cases may also be included as they contribute to the overall energy of the propellant. Ref: 4170, AOP-26.	Matière ou mélange de matières qui doivent brûler de façon contrôlée à l'intérieur d'une chambre de combustion d'arme en produisant des gaz chauds capables de propulser un projectile à grand vitesse. Les douilles combustibles peuvent également être concernées puisqu'ils contribuent à l'apport de l'énergie totale. Réf: 4170, AOP-26.
hand emplaced munition (HEM)	**munition à positionnement manuel**
A munition that is manually emplaced at, or hand-thrown to, the point of its intended function, and requires user action both to commit it to arm and to achieve safe separation. Examples are: most demolition systems, grenades and pyrotechnic devices. Ref: 4497.	Munition mise en place manuellement ou lancée à la main jusqu'au point de fonctionnement prévu, et qui nécessite l'action de l'utilisateur à la fois pour sa mise en état de service et pour atteindre sa distance de sécurité. Exemples: la plupart des systèmes de destruction, des grenades et des dispositifs pyrotechniques. Réf: 4497.
handling	**manutention**
Any form of localized movement of materiel (as distinct from transportation) either by purely manual means or with the assistance of mechanical aids. Materiels handling is defined as the movement of materials (raw materials, scrap, semi-finished and finished) to, through and from production processes; in warehouses and storage; in receiving and shipping areas, and to, and within, combat and other units. Generic term. Ref: 2914, AECP-1. See also AAP-6.	Toute forme de mouvement localisé du matériel (par opposition au transport), soit par des moyens purement manuels, soit avec l'aide d'auxiliaires mécaniques. Par définition, la manutention des matériaux consiste à déplacer les matériaux (matières premières, déchets, produits semi-finis et finis) vers les chaînes de production, dans ces chaînes ou à leur sortie, dans les entrepôts et les magasins dans les zones de réception et d'expédition, ainsi que vers les unités combattantes ou autres, et au sein de celles-ci. Terme générique. Réf: 2914, AECP-1. Voir aussi AAP-6.

hardening	renforcer
Munitions design: The process by which a munition may be protected against potentially hazardous effects induced by the environment, by including particular features in the design. [safety, life cycle, insensitive munitions] Ref. 4238, 4370, 4439.	*Conception de munitions:* Processus par lequel une munition peut être protégée contre les effets potentiellement dangereux, induits par l'environnement, par application de caractéristiques particulières dans la conception. [sécurité, cycle de vie, munitions à risques atténués] Réf. 4238, 4370, 4439..
hazard	**danger**
A condition that is a prerequisite to a mishap. Any phenomenon —environmental force or intrinsic effect- having the potential to induce an adverse effect in the munition compromising its safety or its suitability for service. It is characterized by its nature, severity or probability of occurrence. [mishap, risk, danger, threat] Ref: AOP-15, MIL-STD-882.	Condition préalable à un accident. Tout phénomène - de l'environnement ou effet intrinsèque- qui a le potentiel de provoquer un effet dans la munition qui compromet sa sécurité ou son aptitude au service. Elle est caractérisée par sa nature, sa sévérité ou la probabilité de l'événement. [accident, risque, menace] Réf: AOP-15, MIL-STD-882.
hazard analysis	**analyse des dangers**
The systematic examination of a system or an item and its life cycle to identify hazardous situations and events including those associated with human, product and environmental interfaces, and to assess their consequences to the functional and safety characteristics of the system or the item. [risk analysis, risk, hazard, safety]	Examen systématique d'un système ou d'un article et son cycle de vie, afin d'identifier les situations et événements dangereuses, y compris celles qui sont relatés avec les interfaces humaines, de produits et de l'environnement, et d'évaluer leurs conséquences concernant leurs caractéristiques de fonctionnement et de sécurité du système ou de l'article. [analyse de risque, risque, sécurité]
hazard and operability (HAZOP) analysis	**analyse de risque opérationnelle**
A study carried out by the application of guide words to identify all deviations from design intent, with undesirable effects for safety and operability.	Étude effectuée par l'application de mots clé pour identifier toute déviation de l'intention conçue, ayant un effet non-désirable pour la sécurité et l'opérabilité.
hazard level: See "hazard severity"	**gravité du danger** -
hazard probability	**probabilité du danger**
The aggregate probability of occurrence of the individual events that could create a specific hazard. [risk]	Probabilité dans l'ensemble de l'occurrence des événements individuels susceptibles à créer un danger potentiel. [risque]
hazard severity	**gravité du danger**
The extent of the consequences which could be caused by a hazard. [hazard level*]	L'importance des conséquences d'un accident qui pourraient être provoquées par cet accident. [niveau du risque*]
hazardous state: See "unsafe conditions".	**état dangereux**: Voir "conditions dangereuses".

high explosive	explosif
Substance or mixture of substances which, in its application as primary, booster or main charges, is designed to detonate. (OB) Sometimes confused with "main charge high explosive". [explosive material, main charge high explosive, primary explosive, secondary explosive, booster explosive] Ref: 4170, AOP-7, 4397.	Substance ou mélange de substances qui, utilisé comme charge primaire, charge de renforcement ou charge principale, est conçu pour détoner. [matière explosive, charge explosive, explosif de chargement, explosif primaire, explosif secondaire, explosif de relais] Réf: 4170, AOP-7, 4397.
hollow charge	charge creuse
A shaped charge producing a deep cylindrical hole of a relatively small diameter in the direction of its axis of rotation. (AAP-6, AAP-19) [shaped charge] Ref: 4526, AOP-31.	Charge formée destinée à produire suivant son axe de révolution une perforation profonde d'un diamètre relativement petit. (AAP-6, AAP-19) [charge formée] Réf: 4526, AOP-31.
homing mine	mine à tête chercheuse
Sea mines: A mine fitted with propulsion equipment which homes on to a target. (AAP-6)	*Mines navales:* Mine munie d'un dispositif de propulsion qui se dirige elle-même vers son objectif. (AAP/6)
horizontal action mine	mine à effet horizontal
Land mines: A mine designed to produce a destructive effect in a plane parallel to the ground. (AAP/6)	*Mines terrestres:* Mine conçue pour produire un effet de destruction dans un plan approximativement parallèle au sol. (AAP/6)
human error	erreur humaine
Wrong execution of a required action. [human failure]	Mauvaise exécution d'une action requise. [défaillance humaine]
human failure	défaillance humaine
Wrong execution or omission of a required action. [human error]	Mauvaise exécution ou omission d'une action requise. [erreur humaine]
igniter	allumeur
A device designed to produce a flame or a flash, which is used to initiate an explosive train. [ignition, initiator] Ref: AAP-19, AOP-31.	Dispositif conçu pour produire une flamme ou une étincelle, utilisé pour initier une chaîne pyrotechnique. [allumeur, initiateur] Réf: AAP-19, AOP-31.
igniter charge	charge d'allumage
Charge used to produce the heat and pressure needed to ignite the main charge or an intermediate charge. [igniter, ignition]	Charge utilisée pour produire la chaleur et la pression nécessaire pour allumer la charge principale ou une charge relais. [inflammateur, allumeur, allumage]

igniting component	composant d'allumage
A device which deflagrates, but which does not detonate, producing either hot gas or hot particles, or a combination of both. It is part of an explosive train. Ref: 4363.	Dispositif dont la charge explosive déflagre mais ne détone pas, produisant ou bien des gaz chauds ou des particules chaudes, ou les deux ensemble. Il fait partie d'une chaîne pyrotechnique. Réf: 4363.
ignition	**allumage**
Commencement of combustion or a deflagration achieved by an igniter Ignition starts a combustion or a deflagration; initiation starts any explosive event. [initiation]	Naissance d'une combustion ou une déflagration sous l'action d'un allumeur. L'allumage démarre une combustion, ou une déflagration. Exception: un bouchon allumeur peut donner une détonation. [amorçage]
ignition delay	**retard d'allumage**
Time lapse between the moment of administration of the firing signal or firing stimulus to the primer and the moment of irreversible function of the explosive train, or the moment a specified condition is reached, such as a specified gas pressure in a combustion chamber. The firing stimulus may be an electric pulse, the impact of a striking pin, a flame, etc. The condition to be reached may be a specified pressure in a combustion chamber. [action time]	Temps écoulé entre l'application du signal ou du stimulus de mise à feu à l'amorce et le moment où le fonctionnement de la chaîne pyrotechnique est irréversible ou l'atteinte d'une condition spécifiée, telle qu'une pression des gaz dans une chambre de combustion. Le stimulus de mise à feu peut être une impulsion électrique, l'impact d'un percuteur ou une flamme. La condition à spécifier peut être une pression spécifiée dans une chambre de combustion. [délai d'initiation*, durée du coup de feu]
ignition safety device (ISD)	**dispositif de sécurité d'allumage**
Rockets and missiles: See STANAG 4368.	*Roquettes et missiles* : Voir STANAG4368.
ignition system	**dispositif d'allumage**
Rockets and missiles: The aggregate of devices involved in the control and generation of the operating signal to cause the rocket or missile motor to function. [initiation system, firing system] Ref: 4368.	*Roquettes et missiles:* Ensemble des équipements impliqués dans la commande et la génération du signal qui provoque le fonctionnement du moteur de la roquette ou de la missile. [dispositif d'amorçage, système de mise de feu] Réf: 4368.
ignition train	**chaîne d'allumage** (1)
General munitions: A succession of pyrotechnic elements arranged to cause the ignition of a charge. *Fuzing systems:* The deflagration train beginning with the initiator and terminating in the igniter charge (4368). [pyrotechnic train*, explosive train] Ref:	*Munitions en général :* Chaîne d'éléments pyrotechniques arrangés pour provoquer l'allumage d'une charge. *Systèmes de fusée:* Chaîne des éléments pyrotechniques qui commence par l' initiateur et se termine par la charge d'allumage. (4368). [chaîne pyrotechnique]
IM assessment: See AOP-39.	**évaluation du caractère MURAT**: Voir AOP-39.

IM signature	signature MURAT
The worst plausible responses of a munition to each of the following specified environments: fast heating, slow heating, bullet impact, sympathetic reaction and light fragment impact. (4439 (2))	Les pires responses plausibles d'une munition suite à chacun des environnements spécifiés: échauffement rapide, échauffement lent, impact par balle, réaction par influence et impact par fragment léger. (4439 (2))
IM technology	**technologie MURAT**
Any structural or energetic material, concept or design which is an integral part of the munition itself, that can reduce the probability and violence of a munition response when subjected to accidental or hostile stimuli. (4439 (2))	Tout matériau structurel ou énergétique, conception, faisant intégralement partie de la munition elle-même, capable de réduire la probabilité et la violence d'une réponse de la munition qui subit des stimuli accidentels ou hostiles. (4439 (2))
impact action fuze	**fusée percutante**
A fuze that is set in action by the striking of a projectile or a bomb against an object. [direct action fuze*, percussion fuze*, contact fuze*, point detonating fuze]	Fusée mise en action par le choc du projectile ou de la bombe contre un obstacle. (AAP-6) [fusée à percussion*, fusée de contact*]
incendiary mix	**composition incendiaire**
Pyrotechnic composition which upon ignition rapidly converts to high temperature gases and hot particles.	Composition pyrotechnique qui, après son allumage, se transforme rapidement en gaz et particules chaudes à des températures élevées.
incident	**incident**
An unintended series of events which does not result in any undesired consequence. [mishap]	Série d'événements non intentionnés qui ne provoque aucune conséquence non désirable. [accident]
incineration	**incinération**
Disposal: The controlled burning of unwanted material to produce gases and solid residues containing little or no combustible material. Ref: 4518.	*Mise au rebut:* Combustion de matériaux non désirés, afin de produire des gaz et des résidus solides qui ne contiennent peu ou pas de matériau combustible. Réf: 4518.
independent computer program	**programme informatique indépendant**
A computer program whose execution cannot be corrupted, misdirected, delayed or inhibited by any other program in the system. Ref: 4404.	Programme informatique dont l'exécution ne peut être altérée, déviée, retardée ou bloquée par aucun autre programme du système. Réf: 4404.
independent safety feature	**dispositif de sécurité indépendant**
A safety feature which is not affected by the function or malfunction of any other safety feature. A safety feature is independent if its integrity is not affected by the function or malfunction of other safety features. Ref: 4187, AOP-20.	Dispositif de sécurité qui n'est pas affecté par le fonctionnement ou le mauvais fonctionnement d'un autre dispositif de sécurité. Un dispositif de sécurité est indépendant si son intégrité n'est pas affecté par le bon ou mauvais fonctionnement d'autres dispositifs de sécurité. Réf: 4187, AOP-20.

induced environment	**environnement induit**
The conditions to which a materiel or component thereof may be exposed during its life cycle and which are directly or indirectly the result of human intervention.	Conditions, produites directement ou indirectement par intervention humaine, auxquelles un matériel ou un composant d'un matériel peut être exposé pendant son cycle de vie.
induction circuit	**mise de feu à induction**
Sea mines: A circuit actuated by the rate of change in a magnetic field due to the movement of the ship or the changing current in the sweep. See also AAP-6.	*Mines navales*: Mise de feu répondant aux taux de variation du champs magnétique, dû au passage d'un bâtiment ou aux impulsions de la drague. Voir aussi AAP-6.
inert	**inerte**
Not containing any explosive substance or other energetic material.	Ne contenant aucune matière explosive ou autre matière énergétique.
inert electro-explosive device	**dispositif électro-pyrotechnique inerte**
An electro-explosive device with its explosive material removed or replaced by ERM, but it retains the bridge wire, foil, etc. from which it is initiated.	Dispositif électro-pyrotechnique dont la matière pyrotechnique a été retirée ou remplacée par un MER, mais il conserve le filament, la paillette, etc. auxquels il est initié.
The instrumentation is designed so that it shall not change the radio frequency impedance of the EED (both in pin-to-pin and pin-to-case modes. Ref 4416.	Cette instrumentation est conçue de manière à ne pas modifier l'impédance en hyperfréquence du DEP (en mode broche à broche et en mode broche à boîtier). Réf 4416.
inert mine	**mine inerte**
Land mines: An inert replica of a standard mine. It is used for instructional purposes. (AAP/6)	*Mines terrestres*: Copie inerte d'une mine standard, utilisée à des fins d'instruction. (AAP/6)
influence mine	**mine à influence**
Naval mines: A mine actuated by the effect of a target on some physical condition in the vicinity of the mine or on radiations emanating from the mine. (AAP-6)	*Mines navales*: Mine qui fonctionne sous l'effet de modifications apportées par un navire, soit à certaines conditions ambiantes, soit à des radiations émises par la mine elle-même. (AAP-6)
initiation	**amorçage**
Action by means of a suitable pyrotechnic device leading to a detonation, a deflagration or a combustion.	Action donnant naissance à une détonation, une déflagration ou une combustion au moyen d'un dispositif pyrotechnique approprié. (GTPS)
See remark under « ignition ». [priming*, ignition]	Voir observation sous « allumage ». [initiation*, allumage]
initiation system	**dispositif d'initiation**
System to initiate an explosive train or component in a munition.	Système pour la mise à feu d'une chaîne ou d'un composant pyrotechnique dans une munition.
[fuzing system, firing system]	[système de fusée, système de mise de feu]

initiator The first explosive element used in an explosive train, capable of directly causing its functioning. In a fuzing system, it is usually the detonator which, because it contains primary explosive, must be isolated from the remainder of the explosive train. [explosive train, primer] Ref. 4157, 4187, AOP16, AOP-20	**initiateur** Premier composant pyrotechnique utilisé dans une chaîne pyrotechnique, en mesure d'occasionner directement son fonctionnement. Dans un système de fusée c'est normalement le détonateur qui doit être isolé de la suite de la chaîne pyrotechnique par un interrupteur. [chaîne pyrotechnique, amorce*] Réf. 4157, 4187, AOP16,AOP-20.
initiator -	**amorce** : Voir "initiateur".
in-line explosive train : See « non interrupted explosive train ».	**chaîne pyrotechnique non interrompue** -
insensitive munition (IM) Munition which reliably fulfils its performance, readiness and operational requirements on demand, but which minimizes the probability of inadvertent initiation and severity of subsequent collateral damage to the weapon platform, logistic systems and personnel when subjected to unplanned stimuli. Appropriate analysis and test methods are referred to in AOP-15 and AOP-39. [IM assessment]	**munition à risques atténués (MURAT)** Munition qui répond de façon fiable aux exigences en matière de performances, de disponibilité et de besoins opérationnels tout en réduisant au minimum la probabilité d'initiation intempestive quand elle est soumise à des sollicitations accidentelles, ainsi que la gravité des dommages collatéraux qui en résulteraient pour le plate-forme de lancement, les systèmes logistiques et le personnel. Des méthodes d'analyse et d'essais sont données comme référence dans l'AOP-15 et l'AOP-39. [évaluation MURAT]
installed munition Any munition placed in a long-term fixture to the vehicle structure with or without anti-vibration mounts or isolators. [loose cargo munition, secured cargo munition] Ref. AOP-34	**munition installée pour le transport** Munition installée dans une fixation permanente qui est dans la structure du véhicule, avec ou sans cadres anti-vibrations ou isolateurs. [munition non-arrimée, munition arrimée] Réf : AOP-34.
instrumented electro-explosive device *EED tests* : An inert electro-explosive device (EED) which has sensors in contact or close proximity to the bridge wire or ERM to measure the thermal energy or power induced. This instrumentation is designed so that it shall not change the radio frequency impedance of the EED, both in pin-to-pin and pin-to-case modes. Ref. 4324, 4416.	**dispositif électro-pyrotechnique instrumenté** *Essais de DEP* : Dispositif électro-pyrotechnique (DEP) inerte qui possède des capteur en contact ou à proximité du filament ou du MER pour mesurer l'énergie thermique ou la puissance induite. Cette instrumentation est conçue de manière à ne pas modifier l'impédance hyperfréquence du DEP, en mode broche à broche et en mode broche à boîtier. Réf. 4324, 4416.
integrating circuit A circuit whose actuation is dependent on the time integral of a function of the influence. (AAP-6)	**mise de feu à intégration** Mise de feu qui réagit à l'intégrale par rapport au temps d'une fonction de l'influence perçue. (AAP-6)
intended role : See "generic role"	**usage générique** -

intercepted lightning strike *Lightning :* See STANAG 4236.	**coup de foudre intercepté** *Foudre :* Voir STANAG 4236.
interchangeability A condition which exists when two or more items, in a specified life cycle and environment, possess such functional and physical characteristics as to be equivalent in safety, performance and durability, and are capable of being exchanged one for the other without alteration of the items themselves, or of adjoining items, except for adjustment, and without selection for fit and performance. Derived from AAP-6 ; added "safety". [interoperability]	**interchangeabilité** Qualité réalisée lorsque plusieurs éléments, dans un cycle de vie et un environnement spécifiés, présentent des caractéristiques de sécurité, fonctionnelles et matérielles les rendant équivalents en sécurité, performances et en durée de vie, et sont utilisables les uns à la place des autres sans qu'il soit nécessaire : a. de modifier ces éléments eux-mêmes ou des éléments associés, sauf pour des réglages ; b. de procéder à une sélection parmi ces éléments en vue de leur mise en place ou d'obtention de performances déterminés. Dérivé de l'AAP-6 ; ajouté : "sécurité". [interopérabilité]
intercloud flash *Lightning :* See STANAG 4236.	**décharge inter nuages** *Foudre :* Voir STANAG 4236.
intermediate current *Lightning :* See STANAG 4236.	**courant intermédiaire** *Foudre :* Voir STANAG 4236.
intermediate packaging Inner packaging for tactical transportation. Ref : 4224, 4493.	**conditionnement intermédiaire** Emballage interne pour le transport tactique. Réf : 4224, 4493.
intermittent arming device A device included in a mine so that it will be armed only at set times. (AAP/6)	**dispositif de réceptivité intermittente** Dispositif rendant une mine réceptive que dans certaines périodes.(AAP/6)
interoperability The ability of systems, units or forces to provide services to and accept services from other systems, units or forces and to use the services so exchanged to enable them to operate effectively together. (AAP-6) [interchangeability]	**interopérabilité** Capacité de plusieurs systèmes, unités ou organismes don't l'organisation et les relations respectives autorisent une aide mutuelle qui les rend aptes à opérer de concert. (AAP-6) [interchangeabilité]
interrupted explosive train An explosive train in which the explosive path between the primary explosive charge and the lead and booster (secondary) explosives is functionally separated until arming. [non-interrupted explosive train, out-of-line explosive train] Ref : 4157, 4187, 4497, AOP-16, AOP-20.	**chaîne pyrotechnique interrompue** Chaîne pyrotechnique dans laquelle entre les explosifs primaires et le relais d'amorçage et le relais (explosifs secondaires) est fonctionnellement interdit jusqu'à l'armement. [chaîne pyrotechnique non interrompue] Réf : 4157, 4187, 4497, AOP-16, AOP-20.

interrupter	**interrupteur**
A physical barrier which prevents the transmission of an explosive or burning effect between elements in an explosive train. Ref : 4187.	Une barrière physique qui empêche la transmission d'une combustion ou d'une détonation entre éléments d'une chaîne pyrotechnique. Réf : 4187.
intracloud flash – *Lightning :* See STANAG 4236.	**décharge intra nuage** *Foudre :* Voir STANAG 4236.
intrusion	**intrusion**
The portion of the fuze that extends into the cavity of the projectile. [cavity] Ref : 2916.	Partie de la fusée qui correspond au logement du projectile. [logement] Réf : 2916.
irreversible failure	**défaillance irréversible**
Failure of a materiel caused under specified environmental conditions, and the materiel does not return to normal functional and safety conditions when these conditions cease. [failure, reversible failure]	Défaillance d'un matériel, provoquée dans des conditions d'environnement spécifiées, entraînant un non retour du matériel aux conditions de fonctionnement et de sécurité normales lorsque ces conditions ont cessées d'exister. [défaillance, défaillance réversible]
jet	**jet**
Functioning of a shaped (hollow) charge : Dense material part, generally metallic, cylindrical, stretched, fluid, solid or in particles, moving with high velocity, coming from the liner of a hollow charge which functioned. The jet causes the main part of the hollow charge effects.	*Fonctionnement d'une charge formée (creuse) :* Partie matérielle dense, généralement métallique, cylindrique, allongée, fluide, solide ou particulaire, animée d'une grande vitesse, provenant du revêtement d'une charge creuse qui a fonctionné. Le jet est responsable de la majeure partie des effets d'une charge creuse.
jettison : See « safe jettison ».	**largage** : Voir « largage de détresse ».
jettisoned mines	**jet de mines à la mer**
Naval mines : Mines which are laid as quickly as possible in order to empty the minelayer of mines, without regard to their condition or relative positions. (AAP/6)	*Mines navales :* Mines mouillées aussi rapidement que possible de façon à libérer le mouilleur de mines et sans tenir compte de leur condition ou position relative. (AAP/6)
laser cutting : See "laser grooving".	**découpe au laser** : Voir "fragilisation au laser".
laser grooving	**fragilisation au laser**
Disposal : Use of a laser to score a projectile case to create a circular groove which in combination with a tearing-breaking process would bisect the case to expose the filler. Ref : 4518.	*Mise au rebut :* Utilisation d'un laser pour entailler un corps de projectile. La fragilisation circulaire obtenue permet de fendre le corps en appliquant une méthode quelconque d'éclatement. Réf : 4518.
laser initiation	**amorçage par laser**
The activation of an initiator by laser energy. [initiation, ignition] Ref : 4368.	Amorçage d'un initiateur par énergie laser. Réf : 4368.

launch	lancement
The irreversible discharging, firing, ejecting or releasing of a munition. [propulsion] Ref: 4187.	Libération, tir, éjection ou largage irréversible d'une munition. [propulsion] Réf: 4187.
launch cycle	**cycle de lancement**
The sequence of events happening during the period from the instant a munition is irreversibly committed to launch until it has left its launcher. Ref: 4187.	La suite des événements pendant la période comprise entre le moment de mise en état de service de la munition et le moment où elle quitte son lanceur. Réf: 4187.
launch safety	**sécurité de lancement**
During launch of a munition, the absence of hazard to personnel, the launch platform or any associated materiel. Ref: 4432.	Pendant le lancement d'une munition, l'absence de risque pour le personnel, la plate-forme de lancement ou tout autre matériel associé. Réf: 4432.
launcher	**rampe de lancement**
A structural device designed to support and hold a missile in position for firing. (AAP– 6)	Appareillage conçu pour soutenir et maintenir une fusée en position de tir. (AAP– 6)
lead	**relais** (1)
An intermediary secondary high explosive element or component, designed to transmit a detonation reaction. [relay*, explosive train, fuzing system] Ref: 4363, AOP-20, AOP-21, AOP-31.	Élément ou composant intermédiaire constitué d'un explosif secondaire destiné à transmettre la détonation. [relais pyrotechnique*, charge relais*, chaîne pyrotechnique, système de fusée] Réf: 4363, AOP-20, AOP-21, AOP-31.
lead -	**charge relais** : Voir "relais"
leader	**précurseur**
Lightning : See STANAG 4236.	*Foudre* : Voir STANAG 4236 .
life cycle	**cycle de vie**
A time-based description of the events and environments an item experiences from manufacture to final expenditures or removal from the operational inventory. It includes one or more mission profiles and disposal or demilitarization. 1. The term « service life » does not cover disposal and destruction of the item ; « service life cycle is a part of « life cycle ». 2. The expected environments and the environmental profile are based on the life cycle. Ref AOP-15, AECTP-100, ARMP-1. [life-profile* (ARMP-1), manufacture to target or disposal sequence *, service life, environment]	Description chronologique des événements et conditions ambiantes auxquelles un article est exposé depuis le moment de sa fabrication jusqu'au moment où il est totalement consommé ou retiré de l'inventaire opérationnel. Il comprend un ou plusieurs profils de mission et destruction ou démilitarisation. . 1. Le terme « durée de vie en service » ne couvre pas destruction et démilitarisation ; « cycle de vie en service" est un sous-ensemble du « cycle de vie ». 2. Les environnements prévus et le profil d'environnement sont basés sur le cycle de vie. Réf AOP-15, AECTP-100, ARMP-1. [profil de vie*, cycle de vie en service*, durée de vie en service, environnement].
lightning attachment zone : See STANAG 4327.	**zone d'attachement de la foudre** : Voir STANAG 4327.

linear thermal expansion	**expansion linéaire**
Testing of explosive materials : The change in length of a specimen due to a temperature change.	*Essais de matières explosives* : Changement en longueur d'un échantillon suite à un changement de température.
[coefficient of linear thermal expansion] Ref 4525.	[coefficient d'expansion thermique linéaire] Réf .4525.
liquid propellant	**propergol liquide**
A substance, or mixture of substances, which is required to react in a combustion chamber in a controllable manner in order to generate propulsive force. These may be mono-propellants, bi-propellants or hybrids composed of liquids and solids. Ref. 4170.	Matière ou mélange de matières qui doivent brûler dans une chambre de combustion de façon contrôlée afin de générer une force propulsive. Celles-ci peuvent être des mono-propergols, des bi-propergols ou des hybrides constitués de liquides et de solides. Réf. 4170.
loading safety	**sécurité de chargement**
The property of the ammunition and its constituent parts that enables the ammunition to be loaded into a weapon with the required level of safety. (WAS)	Caractéristique de la munition et de ses éléments constitutifs qui permet la munition d'être chargée dans l'arme au niveau de sécurité requis.
[bore safety, muzzle safety, mask safety]	[sécurité dans 'âme, sécurité de bouche, sécurité de masque]
logic route	**chemin logique du système**
The mapping of all functional paths that can be taken through a system operation. Ref : 4187.	Identification de tous les chemins fonctionnels possibles dans l'opération d'un système. Réf : 4187.
logistic configuration	**configuration logistique**
The condition of materiel when prepared for storage and transportation along a line of communication.	Etat des conditions d'un matériel prévu pour le stockage et le transport par voies de communication.
For munitions this usually implies : unarmed, and in its logistic package. Ref : 4375.	Pour les munition, ceci implique normalement: non-armé et dans son emballage logistique. Réf : 4375.
logistic storage	**stockage logistique**
The long-term storage of items in depots, usually under controlled relative humidity conditions. (WAS)	**Emmagasinage de longue durée en entrepôt d'articles, normalement dans de conditions d'humidité relative contrôlées.**
The items are normally in their logistic packages. [storage, tactical storage, storage environment]	Les articles se trouvent normalement en conditionnement logistique. [stockage, stockage tactique, environnement de stockage]
logistic transportation	**transport logistique**
The transport of items to and between, and from storage depots to and from maintenance workshops. (WAS)	Transport d'articles vers, entre et hors entrepôts de stockage et vers et hors d'ateliers d'entretien.
[transportation, tactical transportation]	[transport, transport tactique]
look	**période de réceptivité**
Mines : A period during which a mine circuit is receptive of an influence. (AAP/6)	*Mines* : Période pendant laquelle la mise de feu d'une mine est sensible à une influence. (AAP-6)

loose cargo munition Any munition which is to be carried on the vehicle floor, in racking or in a some arrangement in which it has some freedom, however slight, to bounce, scuff or collide with other items of cargo or parts of the vehicle. [installed munition, secured cargo munition] Ref. AOP-34.	**munition non-arrimé** Munition, posée sur le plancher du véhicule, dans un casier ou une disposition dans lequel il y a du jeu pour rebondir, se frotter ou se heurter avec les autres articles du chargement or parties du véhicule. [munition installée, munition arrimée] Traduction provisoire. Réf. AOP-34.
lot A quantity of munitions, munition components or explosives, each of which is manufactured by one manufacturer under uniform conditions, and which is expected to function in a uniform manner. The lot is designated and identified by assignment of a serial number.	**lot** Quantité de munitions, de composants de munition ou de matières explosives, fabriquée par un seul producteur dans des conditions uniformes et qui est supposée fonctionner de manière uniforme. Le lot est désignée et identifiée par un numéro d'ordre.
lower conditioning temperature (LCT) The temperature to which test items are stabilized for cold tests. This temperature is based on the climatic region that the testing nation and the using nation predict to be the worst case cold environment that the test item will encounter during storage and transportation. [upper conditioning temperature] Ref : 4224, 4225, 4493.	**température inférieure de conditionnement** La température à laquelle les spécimens d'essai sont stabilisés en vue d'essais à froid. Cette température est celle de la région climatique que le pays effectuant les essais et les pays utilisateurs considèrent comme l'environnement froid correspondant au pire des cas auquel l'article testé sera exposé pendant le stockage et le transport. [température supérieure de conditionnement] Réf : 4224, 4225, 4493.
lower firing temperature (LFT) The temperature to which test items are stabilized for cold test firing. This temperature is based on the climatic region that the testing nation and the using nation predict to be the worst case cold firing environment that the test item will encounter during operations. [upper firing temperature] Ref : 4224, 4225, 4493.	**température inférieure de tir** La température à laquelle les spécimens d'essai sont stabilisés en vue d'essais de tir à froid. Cette température est celle de la région climatique que le pays effectuant les essais et les pays utilisateurs considèrent comme l'environnement de tir à froid correspondant au pire des cas auquel l'article testé sera exposé au cours des opérations. [température supérieure de tir] Réf : 4224, 4225, 4493.
machine compliance *Testing of explosives :* See STANAG 4443.	. *Essais matières explosives :* Voir STANAG 4443.
magnetic mine A mine which responds to the magnetic field of a target. (AAP/6)	**mine magnétique** Mine don't la mise de feu réagit au champ magnétique provoqué par un objectif. (AAP/6)

main charge	charge principale
The explosive charge which is provided to accomplish the end result in a munition ; e.g., bursting a casing to produce blast and fragmentation, splitting a canister to dispense sub-missiles or producing other effects for which it may be designed. (OB)	Charge explosive ayant pour but de produire dans une munition le résultat final, par exemple : éclatement dune enveloppe pour produire un effet de souffle et de fragmentation, éclatement d'une boite à mitraille pour disperser des projectiles secondaires ou produire d'autres effets pour lesquels la munition a été conçue.
main charge high explosive	**explosif de chargement**
A compound or formulation such as TNT, generally used as the final charge to obtain the desired effect in an explosive application. These materials generally require initiation by a booster explosive. [high explosive, charge, explosive filling] Ref : AOP-7, AOP-26.	Substance ou mélange tel que la tolite, généralement utilisés comme charge finale pour obtenir l"ffet souhaité dans une application pyrotechnique. Ces matières doivent généralement être amorcées par un explosif de relais. [charge, chargement] Réf : AOP-7, AOP-26.
maintainability	**maintenabilité**
The ability of an item, under stated conditions of use, to be retained in or restored to a specific condition when maintenance is performed by personnel having specified skills levels under stated conditions and using prescribed procedures and resources. (AMRP-1) [reliability]	Aptitude d'un article, dans des conditions d'utilisation déterminées, à être maintenu dans un état spécifié ou à être ramené dans un état spécifié lorsque la maintenance est assurée, par du personnel spécialement qualifié, dans des conditions déterminées et en utilisant des procédures et des moyens prescrits. (AMRP-1) [sûreté de fonctionnement, fiabilité]
mandatory data	**données obligatoires**
Test and analysis results concerning safety, suitability for service and performance of a munition or an explosive which shall be provided to determine its acceptability for military use. [optional data] For explosive materials, see AOP-7.	Résultats des essais et des analyses concernant la sécurité, l'aptitude au service et la performance d'une munition ou une matière explosive qui doivent être fournis pour déterminer l'acceptabilité pour l'utilisation militaire. [données complémentaires] Pour les matières explosives, voir AOP-7.
mandatory test	**essai obligatoire**
Test deemed essential to produce adequate data for assessing the safety and suitability of a munition or an explosive materiel being considered in a military application. Mandatory tests are listed by each nation in the appropriate document. [optional tests, mandatory data] Ref : 4325, AOP-7.	Essai jugé essentiel pour obtenir les données satisfaisantes pour l'évaluation de la sûreté et de l'aptitude au service d'une munition ou une matière explosive envisagée pour une application militaire. Les essais obligatoires ont été énumérés par chaque nation dans le document appropriée. [essai fondamental*, essais complémentaires, données obligataires] Réf : 4325, AOP-7.
manufacture to target or disposal sequence (MTDS) : See "life cycle".	**cycle de vie** -
manufacture to target sequence (MTS) : See "service life cycle".	**cycle de vie en service** -

margin analysis Analytical procedures grouping : - identification of operating margins (tolerance analysis, worst case analysis, etc.) and - stress/strength type analyses. [hazard analysis]	**étude de marges** Analyses regroupant : - la recherche de marges de fonctionnement (analyses de tolérance, " cas pires », etc.) - les analyses du type contrainte/résistance. [analyse des risques]
mask safety The property of ammunition and its constituent parts that enable firing through vegetation (mask) close to the weapon without a burst or igniferous burst resulting. (WAS) [loading safety, bore safety, muzzle safety]	**sécurité de masque** Caractéristique de la munition et de ses éléments constitutifs permet le tir à travers une végétation (masque) auprès de l'arme sans causer une explosion ou un début d'explosion. [sécurité de chargement, sécurité dans l'âme, sécurité de bouche].
materiel All equipment, stores, packaging and supplies used by the military forces. Generic term. Ref. 2895, 2914, AECP-1, 4242.	**matériel** Tout équipement, les matériels, les emballages et les approvisionnements utilisés par les forces militaires. Terme générique. Réf. 2895, 2914, AECP-1, 4242).
maximum no-fire stimulus (MNFS) : See "no-fire threshold".	**impulsion maximum de non mise à feu** : Voir "seuil de non-feu ".
maximum operating pressure (MOP) *Cannon systems* : The Extreme Service Condition Pressure (ESCP) plus three standard deviations in pressure estimated during the cannon design phase. See further STANAG 4110. For mortars, see « maximum operating pressure (MOP) curve ». [chamber pressure, permissible maximum pressure]	**pression maximale de fonctionnement (PMF)** *Systèmes de canon* : La pression dans les conditions d'utilisation extrêmes (PCUE) plus trois écart types en pression estimé en développement du canon. Voir ensuite STANAG 4110. Pour les mortiers, voir « courbe de pression maximale de fonctionnement" CPMF. [pression de chambre, pression maximale permise]
maximum operating pressure (MOP) curve *Mortars* : The curve derived from the pressures generated at each point in a specified mortar barrel by a specified charge under the most extreme service conditions (ESC) of which the probability of exceeding a specified value is judged to be acceptable. For further details, see STANAG 4225. [maximum operating pressure, chamber pressure, permissible maximum pressure]	**courbe de pression maximale de fonctionnement (CPMF)** *Mortiers* : Courbe établie à partir des pressions produites en chaque point d'un tube de mortier spécifique par une charge spécifique dans les conditions d'utilisation extrêmes et don't la probabilité qu'elle dépasse une valeur spécifiée est jugée acceptable. Pour des détails, voir STANAG 4225. [pression maximale de fonctionnement, pression de chambre, pression maximale permise]
mean power density *Electromagnetic fields* : The mean intensity of electromagnetic radiation expressed in Watts per square metre ($W \cdot m^{-2}$). Ref : 4234.	**densité de puissance moyenne** *Champs électromagnétiques* : Intensité moyenne de rayonnement électromagnétique exprimée en Watt par mètre carré ($W \cdot m^{-2}$). Réf : 4234.

mechanical situation	**situation mécanique**
The distinctive combination of mechanical events and circumstances which characterizes a particular mode of handling or transportation. Ref: 2914.	Combinaison distinctive d'éléments et de circonstances mécaniques qui caractérise un mode de manutention ou de transport particulier. Réf: 2914.
mechanical time fuze (MT fuze)	**fusée chronométrique mécanique**
A time fuze in which the timing function is performed by a mechanical clockwork.	Fusée chronométrique où la fonction de mise de temps est exercée par un mouvement mécanique.
meltout	**déchargement par coulée**
Disposal: Removal of the energetic material from the munition envelope by applying heat to the filler causing it to melt and flow out. Examples of meltout techniques are: autoclave, steamout, and heating. Ref: 4518.	*Mise au rebut*: Extraction, par échauffement du corps de la munition, des matériaux énergétiques qui fondent et coulent hors de l'enveloppe. Quelques exemples de techniques de déchargement par coulée: autoclave, jet de vapeur, échauffement. Réf: 4518.
memory integrity	**intégrité de la mémoire**
Computing systems: The assurance that the computer program or data is not altered or destroyed inadvertently or deliberately. [data integrity]. Ref: 4404.	*Systèmes informatiques*: Garantie que le programme ou les données informatiques ne sont ni altérées ni détruits par inadvertance ou délibérément. [intégrité des données] Réf: 4404.
meteorological temperature	**température atmosphérique**
The ambient air temperature measured under standard conditions of ventilation and radiation shielding in a meteorological screen at a height of 1.2 to 2.0 m above the ground. Ref. 2895.	Température de l'air mesurée dans des conditions normalisées de ventilation et de protection contre le rayonnement, dans un abri météorologique situé à une hauteur de 1,20 à 2 mètres au-dessus du sol. Réf. 2895.
mine	**mine**
1. *Land mines*: An explosive material, normally encased, designed to destroy or damage ground vehicles, boats or aircraft, or designed to wound, kill, or otherwise incapacitate personnel. See also AAP/6. 2. *Sea mines*: An explosive device laid in the water with the intention of damaging or sinking ships or of deterring shipping from entering an area. Term 2 does not include devices attached to the bottoms of ships or to harbour installations by personnel operating underwater See also AAP-6.	1. *Mines terrestres*: Matière explosive, généralement dans un enveloppe, destiné à détruire ou endommager les véhicules, embarcations ou aéronefs, ou encore à blesser, tuer ou à provoquer certaines incapacités parmi le personnel. Voir aussi AAP-6. 2. *Mines navales*: Engin explosif mouillé en vue d'endommager ou de couler des navires, ou d'interdire une zone au trafic maritime. Le terme 2 ne s'applique pas aux engins fixés à la coque des navires ou aux installations portuaires par du personnel opérant sous l'eau. Voir aussi AAP-6.
mine clearance	**déminage (2)**
Land mines: The process of detecting and / or removing land mines by manual or mechanical means. (AAP/6)	*Mines terrestres*: Action de détecter et/ou d'enlever les mines terrestres par moyens manuels ou mécaniques. (AAP/6)

mine countermeasures	lutte contre les mines
All methods for preventing or reducing damage or danger from mines. (AAP/6)	Toutes les dispositions prises pour éviter ou réduire les dommages et les dangers créés par les mines. (AAP/6)
mine disposal	**déminage (1)**
The operation designed to render safe neutralize, recover, remove or destroy mines. **See also AAP-6.**	Opération conçue pour la mise en position de la sécurité, la neutralisation, récupération, le relevage ou la destruction de mines. Voir aussi AAP-6.
minimum ignition energy (MIE)	**énergie d'allumage minimale**
Lightning tests: See STANAG 4327. [no-fire threshold]	*Essais foudre*: Voir STANAG 4327. [seuil de non-mise à feu]
minimum output level	**niveau de sortie minimale**
The lowest estimated level of the output stimulus of a donor element within a functional chain, determined at a sufficient level of confidence (e.g.,95% single sided). [all-function level, all-fire level, explosive train]	Niveau le plus bas estimé du stimulus de sortie d'un élément donneur dans une chaîne fonctionnelle déterminé avec un degré de confiance suffisamment élevé (p.ex. 95% unilatéral). [seuil de fonctionnement , seuil de mise à feu , chaîne pyrotechnique]
misfire	**raté (2)**
1. *Demolitions:* Failure to fire or to explode properly. 2. *Tube launched munitions, rockets and missiles:* Failure of a primer of the propelling charge of a round to function wholly or in part. [dud]	1. *Destruction:* Défaut de mise à feu ou d'explosion. 2. *Munitions à lancement par armes à tube, les roquettes et les missiles:* Défaut de fonctionnement total ou partiel d'une amorce (allumeur), d'une charge propulsive ou d'un projectile. Le terme "raté" couvre "dud" et "misfire". [non-feu, long feu]
missile	**projectile autopropulsé**
A weapon or object to which self-contained propulsive energy is applied during flight. Self-propelled projectile. [guided missile, rocket, projectile] See also AAP-6.	Arme ou corps auquel de l'énergie propulsive comprise dans le projectile est appliquée pendant le vol. [missile téléguidé, projectile] Voir aussi l'AAP-6.
mission critical system	**système critique pour la mission**
A system in which a failure can cause the task or operation demanded from the materiel to be abandoned or severely impaired. Ref: 4234.	Système dont une défaillance peut provoquer un fonctionnement amenant à une dégradation totale ou partielle du matériel. Réf: 4234.

mission profile	**profil de mission**
A time-based description of the events and environments an item experiences from initiation to completion of a specified mission, to include the criteria of mission success or critical failures. (ARMP-1) [life profile, environmental profile, life cycle]	Description échelonnée dans le temps des événements et des environnements auxquels un article est exposé entre le début d'une mission et son achèvement; ce profil comprend les critères de succès ou de défaillance critiques. (ARMP-1) [profil de vie, profil d'environnement, cycle de vie]
mobile mine	**mine autopropulsée**
Sea mines: A mine designed to be propelled to its proposed laying position by propulsion equipment like a torpedo. It sinks at the end of its run end then operates like a mine. (AAP/6)	*Mines navales*: Mine munie d'un appareil de propulsion analogue à celui d'un torpille, et qui coule en fin de parcours pour devenir une mine. (AAP/6)
molten salt destruction	**destruction par sel fondu**
Disposal: The conversion of the organic constituents of the waste into non-hazardous substances such as carbon dioxide, nitrogen, and water. Any inorganic constituent of the waste is retained in the molten salt. The destruction of energetic materials waste is accomplished by introducing it together with oxidant gases, into a crucible containing a molten salt, such as sodium carbonate or a suitable mixture of the carbonates, chlorides or sulphates of sodium, potassium, lithium and calcium. Ref: 4518.	*Mise au rebut*: Transformation des constituants organiques des déchets en substances non explosives telles que le dioxyde de carbone, l'azote, et l'eau. Les constituants inorganiques des déchets sont retenus dans le sel fondu. La destruction des déchets énergétiques est obtenue par adjonction de gaz oxydants, dans le creuset contenant du sel fondu tel que le carbonate de sodium ou un mélange de carbonates, des chlorures ou sulfate de sodium, potassium, lithium et calcium. Réf:4518.
moored mine	**mine à orin**
Sea mines: A contact of influence-operated mine of positive buoyancy held below the surface by a mooring attached to a sinker or anchor on the bottom. (AAP/6)	*Mines navales*: Mine à contact ou mine à influence de flottabilité positive maintenue au-dessous de la surface par un orin fixé à un crapaud reposant sur le fond. (AAP/6)
mortar	**mortier**
A weapon system with a short barrel in proportion to its bore, rifled or smooth, for firing shells at high angles. Ref: 4225, 4433.	Système d'arme, possédant un tube rayé ou lisse, court par rapport à son calibre, et permettant de tirer des projectiles à une grande élévation. Réf: 4225, 4433.
mortar bomb: See "mortar munition".	**munition de mortier**: -
mortar design pressure (DP) curve	**courbe de pression nominale du tube de mortier**
A pressure against location curve which specifies the particular value of pressure at each point along the barrel, of which, in the extreme service environment, the probability of exceeding a specified value is judged to be acceptable. Ref: 4225, 4433.	Courbe illustrant le rapport pression – emplacement et spécifie la valeur particulière de la pression à chaque point du tube, dont, dans l'environnement extrême pour l'utilisation, la probabilité qu'elle dépasse une valeur spécifiée est jugée acceptable. Réf: 4225, 4433.

mortar munition	**munition de mortier**
The complete munition, comprising projectile and propellant system, to be fired from a mortar. The projectile normally comprises fuze, body filled with HE or other filling, obturator, and tail assembly. The propellant system normally includes a primary cartridge and augmenting charge(s).	Munition complète, qui comprend le projectile et la charge propulsive, à tirer dans un mortier de campagne. Normalement, le projectile est constitué d'une fusée, d'un corps chargé en explosif ou avec un autre chargement, d'un joint d'étanchéité et d'un empennage. La charge propulsive inclue normalement une cartouche d'allumage et des relais de mortier.
[mortar bomb*, primary cartridge, augmenting charge]	[coup complet pour mortier*, cartouche d'allumage, relais de mortier] Réf: 4225, 4433.
Ref: 4225, 4433.	
mortar permissible maximum pressure (PMP) curve	**courbe de pression maximale permise (PMP) pour tube de mortiers**
The pressure against location curve which specifies the value of pressure at each point along the barrel of which, in the extreme service environment, for reasons of safety, the probability of exceeding a specified value is judged to be acceptable.	Courbe illustrant le rapport pression – emplacement qui spécifie la pression en tout point du tube dont, et dans l'environnement extrême pour l'utilisation, pour des raisons de sécurité, la probabilité qu'elle dépasse une valeur spécifiée est jugée acceptable.
[permissible maximum pressure] Ref: 4225, 4433.	[pression maximale permise] Réf: 4225, 4433.
mortar proof pressure (PP)	**pression d'épreuve de mortier**
That pressure, within specified tolerances, at which a mortar is proofed. The maximum mortar proof pressure is the mortar design pressure (DP); the minimum mortar PP should be the mortar permissible maximum pressure (PMP). Ref: 4225, 4433, 4110.	Pression dans les tolérances spécifiées, à laquelle un mortier est testé. La pression d'épreuve maximale d'un mortier est la pression nominale du mortier; la pression d'épreuve minimale du mortier devrait être la pression maximale permise (PMP) Réf: 4225, 4433, 4110.
mortar safe maximum pressure (SMP) curve	**courbe de pression maximale de sécurité pour mortier**
A pressure versus location curve which specifies, as a result of design, the particular value of pressure at each point along the barrel which, if exceeded, could result in permanent deformation. Ref: 4225.	Courbe qui illustre le rapport pression - emplacement et spécifie, suite à la conception, la valeur spécifique de la pression en chaque point du tube, sachant que tout dépassement de cette pression pourrait causer des déformations permanentes. Réf: 4225.

munition (US: ammunition)	munition
A complete device, (e.g., missile, shell, mine, demolition store, etc.) charged with explosives, propellants, pyrotechnics, initiating compositions or nuclear, biological or chemical material, for use in connection with offence, or defence, or training, or non-operational purposes, including those parts of weapon systems containing explosives. Alternative definition: Any item which function requires the presence in it of explosive or energetic materials. Other definitions in AAP-6. In logistic configuration, the logistic packaging of the munition is included. [ammunition]	Engin complet (par exemple un missile, un obus, une mine, un engin de destruction, etc.), chargé de matières explosives ou pyrotechniques, propergols, explosifs primaires ou de matériau nucléaire, biologique ou chimique, utilisé à des fins offensives, défensives ou d'entraînement, incluant les parties des systèmes d'armes contenant des matières explosives. Définition alternative: Tout article dont le fonctionnement exige la présence dans l'article de matières explosive(s) ou énergétiques. D'autres définitions dans l'AAP-6 et dans le recueil français de terminologie générale - Défense du 01 / 06 / 92. En configuration logistique, l'emballage logistique est compris dans la définition. [munition de tir]
munition response	**réponse de la munition**
Safety tests: The result (such as blast, overpressure, fragment spray and heat, produced by a munition as a consequence of a specified stimulus. [explosiveness, response, response descriptor] Ref: 4439, AOP-39.	*Essais de sécurité:* Résultat (par exemple souffle, surpression, projection d'éclats et flux thermique, produit par une munition sous l'effet d'un stimulus spécifié. [explosibilité, réponse, réaction type] Réf: 4439, AOP-39.
muzzle safety	**sécurité de bouche**
The property of the ammunition and its constituent parts that enables it to pass through a fixed obstacle close to the muzzle of the weapon with the required level of safety. (WAS) [mask safety, bore safety, loading safety]	Caractéristique d'une munition et de ses éléments constitutifs qui permet le tir à travers un obstacle fixé auprès de la bouche de l'arme au niveau de sécurité requis. [sécurité de masque, sécurité dans l'âme, sécurité de chargement]
Muzzle Velocity (MV)	**vitesse initiale (V_0)**
The velocity of the projectile at exit of the projectile base from the muzzle of the barrel (including any muzzle brake or similar devices if fitted). Alternative symbol: V_0. Ref: 4224, 4493.	Vitesse du projectile lorsque son culot sort de la bouche du tube (frein de bouche ou dispositif similaire compris, s'ils sont montés). Autre indication: MV. Réf: 4224, 4493.
natural environment	**environnement naturel**
The conditions to which a munition or explosive may be exposed during its life cycle, not including those from human intervention. [induced environment]	Conditions auxquelles une munition ou une matière explosive peut être exposée pendant son cycle de vie, à l'exception de celles provenant d'interventions humaines. [environnement enduit]

near field	champ proche
A region close to the emitter within which the radiation field is accompanied by other fields which do not radiate power away from the emitter. Electric and magnetic fields are not directly related as they are in the far field. [Fresnel region*, far field] Ref: 4234.	Région proche de l'émetteur dans laquelle le champ rayonné est accompagné d'autres champs ne propageant pas l'énergie loin de l'émetteur. Les champs électriques et magnétiques ne sont pas directement liés comme c'est le cas dans le champ lointain. [zone de Fresnel*, champ lointain]] Réf: 4234.
nearby flash	**éclair de proximité**
Lightning: A lightning discharge which does not attach to the materiel, but due to its proximity, may induce significant current in the materiel either by electric field coupling, magnetic field coupling, ground currents or by a combination of all three. [strike] Ref: 4236.	*Foudre:* Décharge qui n'est pas attachée au matériel, mais en raison de sa proximité, peut induire un courant significatif dans le matériel, soit par couplage dû au champ électrique, ou par couplage dû au champ magnétique, ou par des courants de masse, soit par une combinaison des trois effets. [coup de foudre] Réf: 4236.
nearby flash -	**décharge de proximité**: Voir "éclair de proximité".
neutralization	**neutralisation**
1. *Operational :* To restore a munition from an armed to a non-armed condition, either reversibly to permit reactivation, or irrevers bly and permanently (sterilization). (AOP-31) Alternative definition for mines in AAP-6. [sterilization] 2. *Demilitarization:* To make a munition ineffective in its intended application. Ref: 4518.	1. *Opérationnel :* Désarmement de la munition, soit réversiblement pour permettre la réactivation, soit de manière permanente (stérilisation). (AOP-31) Définition alternative concernant les mines dans l'AAP-6. [stérilisation] 2. *Démilitarisation:* Rendre une munition inutilisable pour son application prévue. Réf: 4518.
new explosive	**matière explosive nouvelle**
This term encompasses explosive materials: a. not previously qualified; b. for which the existing specification defining its composition, its material constituents, or the process by which the composition is prepared has been modified; c. resulting from a change in manufacturer or manufacturing location; d. material used in a role for which it has not already been qualified. [qualified explosive material] Ref: 4170, AOP-7, AOP-26.	Cette expression comprend des matières explosives: a. une non encore homologuée; b. pour laquelle la spécification en vigueur définissant sa composition, les ingrédients qui la composent ou son procédé de préparation ont été modifiés; c. dont le producteur a changé ou qui est fabriquée sur un autre lieu de production; d. employée dans un usage pour lequel elle n'a pas encore été homologuée. [matière explosive homologuée] Réf: 4170, AOP-7, AOP-26.

new munition	**munition nouvelle**
A munition which differs from munitions accepted for use by a NATO force, in terms of:	Munition qui diffère des munitions adoptées pour utilisation par une force OTAN, par rapport à:
a. design (definition in accordance with its full data package: material specifications, drawings, etc).;	a. la conception (définition suivant sa liasse de construction complète: spécifications des matériaux, plans, etc.).;
b. the users' manuals and other user instructions;	b. les manuels et autres instructions d'utilisation;
c. production definition (product processing, tooling, quality assurance);	c. la définition de la production (procédés de traitement, outillage, assurance qualité.;
d. acceptance testing;	d. les essais d'acceptation:
e. use in a specified role (weapon system, interfaces with joint elements) or	e. son application dans un rôle spécifié (système d'armes, interfaces avec des éléments conjoints) ou
f. its life cycle profile and the resulting environmental profile.	f. son cycle de vie et le profil d'environnement associé.
no-fire threshold	**seuil de non-feu**
The of a stimulus which, under specified conditions, is predicted not to cause an explosive or an explosive component to function, with a stated probability.	Valeur d'un stimulus, qu'il ne provoquera pas, dans des conditions spécifiées, le fonctionnement d'un qui ne provoquera , dans des conditions spécifiées, le fonctionnement d'une matière explosive ou d'un composant pyrotechnique, avec une probabilité spécifiée.
1. This value is statistically expressed as the highest level of the functional stimulus (e.g., energy, impulse, drop height) at which the probability of not firing is at a sufficiently high level (e.g., $1-10^{-5}$) at a specified level of confidence (e.g., 95%, 1-sided lower level).	1. Cette valeur est exprimée en termes statistiques comme le niveau maximal du stimulus de fonctionnement (énergie, impulsion, hauteur de chute) auquel la probabilité de mise à feu est suffisamment élevée (p.e. $1-10^{-5}$) avec un niveau de confiance spécifié (p.e. 95%, unilatéral, niveau le plus bas).
2. The no-fire threshold is a function of the type of stimulus.	2. Le seuil de non-mise à feu est fonction du type de stimulus.
[safety, maximum no-fire stimulus*, no fire threshold stimulus*, no-function level, stimulus level, firing level, all-fire level] Ref: 4157, 4187, AOP-16, AOP-20, AOP-31, etc.	[sécurité, stimulus, impulsion maximale de non mise à feu*, seuil de fonctionnement, seuil de stimulus de non feu, seuil de mise à feu]
	Réf: 4157, 4187, AOP-16, AOP-20, AOP-31, etc.
no-fire threshold stimulus: See no-fire threshold.	**seuil de stimulus de non feu**: Voir seuil de non feu.
no-function threshold	**seuil de non-fonctionnement**
The value of a stimulus which, under specified conditions, is predicted not to cause a device or a component to function, with a stated probability.	Valeur d'un stimulus, qu'il ne provoquera pas, dans des conditions spécifiées, le fonctionnement d'un dispositif ou d'un composant, avec une probabilité .
General term for no-fire threshold.	Terme général pour seuil de non-feu.
non-interrupted explosive train	**chaîne pyrotechnique non interrompue**
An explosive train which has no physical interruption of the explosive elements.	Chaîne pyrotechnique dans laquelle il n'y a pas d'interruption physique entre les divers éléments.
[explosive train in-line*, interrupted explosive train] Ref: 4187.	[chaîne pyrotechnique interrompue] Réf: 4187.

one-look circuit	**mise de feu à impulsion unique**
Mines: A mine circuit which requires actuation by a given influence once only. (AAP/6)	*Mines:* Mise de feu qui ne demande qu'une seule influence. (AAP/6)
open burning	**combustion à l'air libre**
Disposal: The burning of explosives and munitions in the external environment, without the control of resulting emissions. Ref: 4518.	*Mise au rebut:* Action de brûler les matières et produits explosifs et les munitions à l'air libre, sans contrôle de l'émission des effluents obtenus. Réf: 4518.
open detonation	**pétardage**
Disposal: The detonation of explosives and munitions in the external environment, without the control of resulting emissions. Ref: 4518.	*Mise au rebut:* Détonation des explosifs et munitions à l'air libre sans contrôle de l'émission des effluents obtenus. Réf: 4518.
open-pit burning	**combustion en puits ouvert**
Disposal: The destruction of material by burning in a pit, often made of concrete, so that the material to be burned is not placed directly on the ground. Ref: 4518.	*Mise au rebut:* Incinération de matériaux à brûler dans un puits, souvent bétonné, afin d'éviter d'avoir à les brûler directement sur le sol. Réf: 4518.
operability	**opérabilité**
A state of a system in which it can fulfil all requirements of performance and safety. See also AAP-6 "operational readiness".	État d'un système dans laquelle il peut satisfaire à toutes les exigences en matière de performance et de sécurité. Voir aussi AAP-6, "état de préparation opérationnelle".
operational environment	**environnement opérationnel**
The total set of all external natural and induced conditions to which a materiel is exposed during its operational life. [environmental profile, life cycle, service life]	Ensemble de toutes les conditions physiques et chimiques auxquelles un matériel est exposé pendant sa durée de vie opérationnelle. [environnement d'exploitation*, profil d'environnement, cycle de vie, durée de vie en service]
operational life	**durée de vie opérationnelle**
The time during which materiel may be expected to remain safe and serviceable when used under service or training conditions, when these are different from its storage conditions, but which is within the envelope of its life cycle. [service life, storage life, life cycle]	Période pendant laquelle un matériel peut être estimé en état de sécurité et d'aptitude au service, quand il est utilisé dans des conditions de service et d'exercice, tout en étant comprises dans l'enveloppe de son cycle de vie. [durée de vie en service, durée de vie en stockage, cycle de vie]
optional data	**données complémentaires**
Data provided to supplement the mandatory data, for specific requirements, or for additional information. [mandatory data]	Données fournir en supplément des données obligatoires, pour répondre à des besoins spécifiques ou pour fournir un complément d'information. [données obligatoires]

optional test	**essai facultatif**
General: Additional test not required by the standard test requirements. Optional tests are usually performed during development, e.g. to determine the margins of safety and the reliability in the design. Ref. AOP-20. *Qualification of explosives:* A test that may be required by a National Authority to produce data for assessing the safety and suitability of an explosive material being considered in a military application. Ref: AOP-7 [mandatory tests]	*En général:* Essai supplémentaire non requis par les conditions d'essais standard. Les essais facultatifs sont généralement effectués durant le développement pour déterminer les marges de sécurité et la fiabilité de la conception. Réf : AOP-20. *Qualification de matières explosives*: Essai dont une autorité nationale peut exiger l'exécution, afin d'obtenir les données nécessaires à l'évaluation de la sûreté et de l'aptitude au service d'une substance explosive envisagée pour une application militaire. Réf: AOP-7. [essai complémentaire*, essai obligatoire], AOP-20.
ordnance	**arme et munitions**
A weapon system with its associated munitions and auxiliary materiel needed to fire the munition. [weapon system, munitions]	Système d'arme avec les munitions associées et les équipements nécessaires pour tirer la munition. [système d'arme, munitions. OTAN: matériel d'artillerie]
oscillating mine	**mine ludion**
Sea mines A mine hydrostatically controlled, which maintains a pre-set depth below the surface of the water. See also AAP-6.	*Mines navales*: Mine dont l'immersion est assurée par un dispositif de contrôle hydrostatique, qui la maintient à une profondeur prédéterminée sous la surface de l' eau. Voir aussi AAP-6.
overpressure	**surpression**
The pressure resulting from the blast wave of an explosion. It is referred to as "positive" when it exceeds atmospheric pressure and "negative" during the passage of the wave when resulting pressures are less than atmospheric pressure. (AAP – 6)	Pression résultant de l'onde de choc d'une explosion. On la nomme "positive" lorsqu'elle est supérieure à la pression atmosphérique et "négative" durant le passage de l'onde lorsque les pressions résultantes sont inférieures à la pression atmosphérique. (AAP – 6)
oxidation	**oxydation**
Disposal: The loss of electrons by an ion. This process is widely used to treat such wastes such as cyanides, pesticides, phenol, and sulphur compounds, common oxidants being chlorine or hypochlorites, potassium permanganate, and hydrogen peroxide. Ref: 4518.	*Mise au rebut*: Perte d'électrons d'un ion. Ce procédé est généralement employé pour traiter des déchets tels que les cyanures, pesticides et composés à base de phénol et soufre, les oxydants communs étant le chlore ou les hypochlorites, le permanganate de potassium et l'eau oxygénée. Réf: 4518.
packaged munition	**munition conditionnée**
A munition in its full-service logistic packaging. Ref: 4224, 4493.	Munition dans son emballage logistique complet. Réf: 4224, 4493. [munition emballée*]
part system test	**essai sur partie de système**
Lightning tests: See STANAG 4327.	*Simulation de foudre*: Voir STANAG 4327.

partial detonation	**détonation partielle**
Detonation of only a part of the total explosive load in a munition. (OB)	Détonation d'une partie seulement de toute la charge explosive de la munition.
passive mine	**mine passive**
A mine which does not emit a signal to detect the presence of a target, in contrast to an active mine. (AAP-6, 2) [active mine]	Mine qui n'émet pas de signal pour détecter la présence d'un objectif. (AAP-6, 2) [mine à dispositif actif]
patch	**patch**
A modification to a computer program that is inserted into the program in machine code. Ref: 4404.	*Systèmes informatiques:* Modification d'un programme informatique inséré dans le code du programme. [mise à jour*] Réf: 4404.
path	**parcours**
Computing systems: The logical sequential structure that the program must execute to obtain a specific output. Ref. 4404.	Structure séquentielle logique que le programme doit exécuter pour obtenir un résultat déterminé. Réf. 4404
payload	**charge utile**
1. *General:* That part of a load intended for direct mission achievement. 2. *In a missile or rocket:* That what is carried in a warhead compartment. 3. *In a projectile:* The explosive or other filler. (MIL-STD-444) [cargo] See also AAP-6.	1. *En général:* Partie du chargement destinée à l'accomplissement direct de la mission. 2. *Dans un missile ou une roquette:* Charge portée dans un compartiment de tête. 3. *Dans un projectile:* Chargement explosif ou autre. (MIL-STD-444) [charge cargo] Voir aussi l'AAP-6.
peak pulse power density	**densité de puissance crête d'une impulsion**
Electromagnetic tests: The peak value of the intensity of a pulse of electromagnetic radiation expressed in watts per square metre ($W \cdot m^{-2}$). Ref: 4234.	*Essais électromagnétiques:* Valeur crête du pic d'intensité d'un rayonnement électromagnétique exprimée en Watt par mètre carré ($W \cdot m^{-2}$). Réf: 4234.
peak rate of rise	**taux de variation crête**
Lightning: See STANAGs 4236 and 4327.	*Foudre:* Voir les STANAG 4236 et 4327.
peak stress point	..
Testing explosive materials: See STANAG 4443.	*Essais matières explosives:* Voir STANAG 4443.
peer review	**revue de programme**
The independent investigation and evaluation of a program, design, test plan or other technical document, by external specialists having experience in a similar field. Ref. 4404.	Examen et évaluation d'un programme, une conception, un plan d'essais ou d'un autre document technique, par des spécialistes qui ont une expérience dans un domaine similaire. Réf. 4404.
performance	**performance**
The quantitative expression of the operational characteristics such as range, accuracy, function time, or effect on target.	Expression quantitative des caractéristiques opérationnelles telles que portée, précision, durée de fonctionnement et effet sur la cible.

permissible maximum pressure (PMP)	**pression maximale permise (PMP)**
1. *Gun projectiles and mortar bombs*, **projectile PMP**: The maximum pressure which for reasons of safety, the projectile may be subjected to. Normally a projectile will be capable of withstanding Cannon (Mortar) PMP. It is only when a projectile is limited to some lower pressure that a projectile PMP will be significant.	1. *Obus de canon et de mortier*: La **PMP du projectile** est la pression à laquelle, pour des raisons de sécurité, le projectile pourra être soumis. Normalement, un projectile peut résister à la du canon ou du mortier. La du projectile n'a de signification que lorsqu'il a fallu limiter le projectile à une pression inférieure.
2. *Gun cannons and mortars*: **cannon (mortar) PMP**: The pressure at each point in a cannon (mortar) which, for reasons of safety, should not be exceeded.	2. *Canons et mortiers*: la **PMP du canon (mortier)** est la pression en chaque point du qui, pour des raisons de sécurité, ne doit pas être dépassée.
The PMP values are to be specified by the developer. See also STANAG 4110. Former designation: permissible individual maximum pressure (PIMP). Ref: 4224, 4225, 4110.	Le constructeur doit spécifier les valeurs des PMP. Voir aussi STANAG 4110. Ancienne appellation: pression maximale permise individuelle (PIMP). Réf: 4224, 4225, 4110.
photocatalytic neutralization	**neutralisation photocatalitique**
Disposal: The use of a light emitting source to render an energetic material inactive or ineffective. Ref: 4518.	*Mise au rebut:* Utilisation d'une source émettant de la lumière pour rendre une matière énergétique inactive ou inefficace. Réf: 4518.
pin-to-case mode (PTC mode)	**mode broche à boîtier**
Electrical tests: This mode may be either:	*Essais électriques*: Ce mode peut être :
Σ the abnormal manner in which an electro-explosive device will function where discharge occurs between one pin and the case of a two pin electro-explosive device via the explosive filling, or	Σ une manière anormale de fonctionnement d'un dispositif électro-pyrotechnique à 2 broches où une décharge intervient entre une broche et le boîtier via le chargement explosif, ou
Σ the normal manner in which an electro-explosive device will function where the firing current or discharge flows between the pin and the metal surrounding a single-pin electro-explosive device via the explosive filling.	Σ une manière normale de fonctionnement d'un dispositif électro-pyrotechnique du type coaxial : le courant ou la décharge de mise à feu passe entre la broche et le boîtier métallique du dispositif électro-pyrotechnique via le chargement explosif.
Ref: 4324, 4416.	Réf: 4324, 4416.
pin-to-pin mode (PTP mode)	**mode broche à broche**
Electrical tests: The normal manner in which the electro-explosive device will operate with the firing current or discharge flowing through the two connections in the body of the electro-explosive device.	*Essais électriques*: Mode normal du fonctionnement du dispositif électro-pyrotechnique lorsqu' un courant ou une décharge de mise à feu est appliqué aux deux broches du dispositif électro-pyrotechnique.
Ref: 4324, 4416.	Réf: 4324, 4416.
plastic explosive	**explosif plastique**
Explosive which is malleable at normal temperatures. (AAP-6, AAP-19) Ref: AOP-31.	Explosif malléable aux températures normales d'utilisation. (AAP-6, AAP-19) Réf: AOP-31.

platform	plate-forme
Weapon system: The sub-structure of the weapon needed for its firing. [carrier]	*Système d'arme:* La partie du système nécessaire pour le fonctionnement de l'arme. [porteur]
point detonating fuze (PD fuze)	**fusée à percussion (directe)**
Fuze located in the nose of a projectile, designed to function as a result of impact. [impact action fuze, direct action fuze] Ref: 4326, AOP-8.	Fusée située à l'avant du projectile, conçue pour fonctionner par impact. [fusée percutante (AAP-6), fusée à percussion, fusée de contact]. L'AAP-6 n'indique pas la position de la fusée sur l'obus ou la bombe. Réf: 4326, AOP-8.
practice mine	**mine d'instruction**
1. *Land mines:* Replica of a standard mine, having the same features and weight as the mine it represents. It is constructed to emit a puff of smoke and/or make a noise to simulate detonation. (AAP-6) 2. *Sea mines:* An inert-filled mine but complete with assembly, suitable for instruction and for practice in preparation. (AAP/6) [drill mine]	1. *Mines terrestres:* Reproduction d'une mine d'un modèle en service, ayant le même aspect et le même poids et construite pour émettre une fumée et/ou un bruit simulant l'explosion.(AAP-6) 1. *Mines navales:* Mine à charge inerte, mais possédant son système de mise de feu, utilisée pour l'instruction du personnel et son entraînement à la préparation des mines. (AAP-6)
premature: See "premature function".	**prématuré**: Voir "fonctionnement prématuré".
premature function	**fonctionnement prématuré**
1. *Munitions:* Complete or partial functioning of a munition payload after launch or emplacement at a moment or place prior to the intended fuze functioning before the intended point of operation of the fuze as foreseen by the time setting, proximity sensor function, pressure rise, etc. 2. *Fuzing systems:* A fuze function before completion of the arming delay. [early burst] Ref. 4157, 4187, AOP-16, AOP-20, AOP-31.	1. *Munitions :* Fonctionnement partiel ou complet de la charge utile d'une munition après tir, à un temps ou à une distance réduits par rapport aux paramètres attendus du fonctionnement de la fusée, en fonction de la durée initialement réglée. du déclenchement du proximètre, de l'accroissement de la pression, etc. 2. *Systèmes de fusée:* Fonctionnement de la fusée avant l'écoulement du délai d'armement. [éclatement prématuré] Réf: 4157, 4187, AOP-16, AOP-20, AOP-31.
pressure	**pression**
In propulsion or expelling systems or subsystems: Pressure generated by the combustion gasses within the combustion chamber. Definitions for cannon and ammunition proof and design pressures are given in STANAG 4110. [chamber pressure]	*Dans les systèmes ou sous-systèmes de propulsion ou d'expulsion:* Pression produite par les gaz de combustion dans la chambre de combustion. Des définitions pour les pressions d'essais et de conception des canons et munitions de tir sont données dans STANAG 4110. [pression de chambre]

pressure mine (1)	**mine à pression**
Land mines: A mine whose firing system responds to the direct pressure of a target. See also AAP-6.	*Mines terrestres*: Mine dont le système de mise de feu fonctionne par la pression exercée directement par un objectif. Voir aussi AAP-6.
pressure mine (2)	**mine à dépression**
Sea mines: A mine whose firing system responds to the hydrodynamic pressure field of a target. See also AAP-6.	*Mines navales*: Mine dont la mise de feu est sensible à la dépression hydrodynamique provoquée par le passage d'un objectif. (AAP/6)
primary cartridge	**cartouche** (2)
Mortar munition: Cartridge comprising a primer and a primary charge. In the case of mortar munitions with no augmenting cartridge, the primary cartridge will itself act as the propelling charge. The primary cartridge can be a single or multiple component item, all located inside the tail tube. [primary charge] Ref: 4433.	*Munitions de mortier*. Cartouche comprenant une amorce et une charge primaire. Dans le cas de munitions de mortier sans relais, la cartouche joue à elle seule le rôle de charge propulsive. La cartouche peut être constituée d'un seul ou de plusieurs éléments, ceux-ci situés dans le tube de l'empennage. [cartouche primaire*, charge primaire] Réf: 4433.
primary charge	**charge primaire**
The intermediate explosive used to augment the impulse from the primer to a magnitude sufficient to ignite the following element of the explosive train. In some cases it may be the final element of the explosive train.	Charge intermédiaire utilisée pour renforcer l'impulsion de l'amorce à un niveau assez élevé pour initier l'élément suivant de la chaîne pyrotechnique. Parfois elle peut être l'élément finale de la chaîne pyrotechnique.
primary explosive	**explosif primaire**
Substance, or mixture of substances, used to initiate a detonation or a burning reaction. In their intended role these materials are sensitive to a range of thermal, mechanical and electrical stimuli. 1. Primary explosives are materials sensitive to heat, impact, or friction, electricity, etc., used in initial or intermediary charges in devices such as primers, detonators, caps, relays, electric matches, etc. They undergo a rapid reaction upon initiation. 2. To determine the conditions under which the explosive is to be used upstream or downstream of a barrier (interrupter), see also STANAG 4170. 3. Examples are: lead azide, lead styphnate [secondary explosives] Ref: 4157, 4170, 4187, AOP-7, AOP-26, AOP-20.	Matière ou mélange de matières utilisé pour initier une détonation ou une combustion. Dans leur usage générique, ces matières sont sensibles à différentes sollicitations thermiques, mécaniques et électriques. 1. Les explosifs primaires sont des matières sensibles à la chaleur, à l'impact, à la friction et à l'électricité, et utilisés dans des charges d'amorçage ou des relais dans des dispositifs tels que détonateurs, amorces, relais, allumettes électriques, etc. Après amorçage, ils subissent une réaction rapide. 2. Pour déterminer les conditions d'emploi d'un explosif (en amont ou en aval d'une barrière), voir aussi STANAG 4170. 3. Exemples : l'azoture de plomb, le styphnate de plomb. [explosifs secondaires] Réf: 4157, 4170, 4187, AOP-7, AOP-26, AOP-20.

primer	amorce
Cap containing a primary explosive and a booster. Its function consists of transforming an external action, normally mechanical or electrical, in sufficient explosive energy to ignite the primary charge. In a gun cartridge, the primer is the explosive device containing a cap and a booster charge or pyrotechnic which is used to ignite the propellant charge (OB). [cap, initiator. US term: primer, artillery]	Alvéole comprenant une composition pyrotechnique d'amorçage. Son rôle consiste à transformer une action externe (mécanique, électrique, ...) en une énergie suffisante pour initier la charge primaire. "Étoupille": composant pyrotechnique constitué d'un initiateur ou d'une amorce et d'une charge pyrotechnique secondaire. (GTPS). Dans une cartouche, elle est le dispositif d'allumage de la charge propulsive. [étoupille, initiateur]
primer -	**étoupille**: Voir "amorce".
production build standard Materiel produced in accordance with the specifications for service use. Production build standard materiel is materiel, produced in accordance with: a. a defined and approved design; b. a defined and approved production process; c. the quality control and acceptance requirements. Materiel of a same design may be produced in accordance with different validated production definitions (product processing, tooling, quality control) if these are be unambiguously defined. [end item specification]	**produit de fabrication courante** Matériel réalisé conformément à son dossier de définition pour l'utilisation en service. Un matériel, produit de fabrication courante est fabriqué suivant: a. une conception définie et approuvée (conception arrêtée); b. un processus de fabrication définie et approuvée; et c. les exigences d'assurance qualité et les conditions d'acceptation. Matériel d'une même conception peut être fabriqué suivant des définitions de productions (traitement des produits, outillage, assurance qualité) validées mais différentes, pourvu qu'elles soient définies de façon unique.
projectile An object, projected by an applied exterior force and continuing in motion by virtue of its own inertia, as a bullet, shell or grenade. (AAP-6)	**projectile** Corps projeté par application d'une force extérieure et qui poursuit sa trajectoire par son inertie propre, comme balle, obus ou grenade. (AAP-6)
projectile lower firing temperature upper proof pressure (Projectile LFTUPP) A chamber pressure band at which projectile safety tests at the lower firing temperature (LFT) are carried out. This pressure band is normally between 3 sd and 4.75 sd above the adjusted mean pressure at the LFT. Ref: 4110, 4224.	**pression supérieure d'épreuve du projectile à la température inférieure de tir** Gamme de pressions de chambre à laquelle sont effectués les essais de sécurité du projectile à la température inférieure de tir. Cette gamme de pressions est normalement comprise entre 3 et 4,75 écarts type (sd) au-dessus de la pression moyenne ajustée à la température inférieure de tir. Réf: 4110, 4224.

projectile upper firing temperature upper proof pressure (Projectile UFTUPP) The band of chamber pressure between maximum operating pressure (MOP) and extreme maximum operating pressure (EMOP) at which projectile safety tests at the upper firing temperature (UFT) are carried out. Ref: 4110, 4224.	**pression supérieure d'épreuve du projectile à la température supérieure de tir** Gamme de pressions de chambre entre la pression maximale en fonctionnement (PMF) et la pression extrême maximale en fonctionnement à laquelle sont effectués les essais de sécurité du projectile à la température supérieure de tir. Réf: 4110, 4224.
proof pressure (PP): See STANAG 4110.	**pression d'épreuve**: Voir STANAG 4110.
propellant Substance or mixture of substances used for propelling projectiles and missiles, or to generate gases for powering auxiliary devices. When ignited, propellants burn or deflagrate to produce quantities of gas capable of performing work, but in their application are required not to undergo a deflagration-to-detonation transition. Ref: AOP-7, AOP-26.	**propergol** Substance ou composition de substances servant à propulser des projectiles et des missiles, ou à dégager des gaz pour faire fonctionner des dispositifs auxiliaires. Lors de la mise à feu, les propergols brûlent ou déflagrent afin de produire des gaz en quantité suffisante pour effectuer le travail, mais leur emploi exige que la déflagration ne se transforme pas en détonation. Le terme "propergol" est utilisé dans l'application d'autopropulsion et le terme "poudre" pour les armes à tir. Réf: AOP-7, AOP-26.
propellant -	**poudre**: Voir "propergol".
propulsion 1. Action to cause a projectile to move. 2. *IM assessment:* A reaction whereby sufficient force is produced to impart flight to the test item. Ref: AOP-39.	**propulsion** 1. Action qui consiste à créer le mouvement du projectile. (GTPS) 2. *Évaluation MURAT*: Réaction qui produit une force suffisante pour projeter le spécimen d'essai. Réf: AOP-39.
proximity fuze (PROX) A fuze wherein initiation occurs by detecting the presence and/or the position of a target by means of a signal emitted by the fuze or by the target. Ref: 4326, AOP-8. See also AAP-6.	**fusée de proximité (PROX)** Fusée où l'initiation intervient par détection de la présence et/ou la position d'une cible au moyen d'un signal émis par la fusée ou par la c ble. Réf: 4326, AOP-8. Voir aussi AAP-6.
pulse energy density *Electric environment:* The energy contained within a pulse of radiation expressed as Joules per square metre ($J \cdot m^{-2}$). Ref: 4234.	**densité d'énergie d'une impulsion** *Environnement électrique:* Energie contenue dans une impulsion de rayonnement, exprimée en Joule par mètre carré ($J \cdot m^{-2}$). Réf: 4234.

pyroshock	choc pyrotechnique
A severe mechanical transient in a structure caused by an explosive event. The transient consists of high frequency high-magnitude stress waves. Near field pyroshock: frequencies up to 10 kHz and higher. Far field pyroshock: frequencies up to 10 kHz. A pyroshock is not necessarily associated with a pyrotechnic event.	Sévère choc mécanique transitoire, passant dans une structure, occasionné par un événement explosif. Le choc consiste en ondes de haute fréquence et grande amplitude. Choc pyrotechnique à courte distance: fréquences jusqu'à 10 kHz et plus. Choc pyrotechnique à distance: fréquences jusqu'à 10 kHz. Un choc pyrotechnique n'est pas nécessairement associé avec un événement pyrotechnique.
pyrotechnic composition	**composition pyrotechnique**
Substance or mixture of substances which when ignited, undergo an energetic chemical reaction at a controlled rate intended to produce on demand and in various combinations, specific time delays or quantities of heat, noise, smoke, light, or infrared radiation. Pyrotechnic compositions may be used to initiate burning reactions such as in igniters. 1. Less complete definition in AAP-6 and AAP-19. 2. Pyrotechnics, in most of their applications, are required not to undergo a deflagration-to-detonation transition. 3. The term excludes propellants and (high) explosives. Ref: AOP-7, AOP-26 , STANAG 4170.	Matière ou mélange de matières qui, lorsqu'elle est initiée, subit une réaction chimique énergétique à une vitesse contrôlée, destinée à produire à la demande et selon diverses combinaisons des retards spécifiques ou des quantités de chaleur, de bruit, de fumée, de lumière ou des radiations infrarouges. Les compositions pyrotechniques peuvent être utilisées pour initier les réactions de combustion dans les systèmes d'allumage. 1. Définition moins complète dans l'AAP-6 et l'AAP-19. 2. Dans la plupart des cas, l'emploi des compositions pyrotechniques exige que la déflagration ne se transforme pas en détonation. 3. Le terme exclut les propergols et les explosifs. Réf: AOP-7, AOP-26 , STANAG 4170.
pyrotechnic delay	**retard pyrotechnique** (2)
A pyrotechnic device added to a firing system which transmits the ignition flame after a predetermined delay. (AAP–6)	Composition pyrotechnique intercalée dans un dispositif d'amorçage et destinée à transmettre la flamme avec un retard prédéterminé. (AAP-6)
pyrotechnic train	**chaîne d'allumage** (2)
An explosive train beginning with the igniter and terminating in a pyrotechnic or propulsive main charge. [ignition train*, explosive train]	Chaîne pyrotechnique commençant par un allumeur et se terminant par une charge principale déflagrante ou propulsive. [chaîne pyrotechnique]

qualification (1)	**qualification**
Weapon system, munition or munition component: Assessment and statement by accredited authority that the subject materiel possesses and will maintain the properties which are acceptable with regard to safety and suitability for service in a specified role, a specified environment, during its specified life cycle, and that the associated risks are acceptable. Qualification of a munition includes all configurations and situations, likely to exist during its life cycle. [type qualification*, assessment, characterization]	*Système d'arme, munition ou composant de munition:* Évaluation et déclaration par l'autorité accréditée, que le matériel en question possède et conservera pendant son cycle de vie les caractéristiques acceptables du point de vue de la sécurité et l'aptitude au service dans un rôle et un environnement spécifiés, pendant son cycle de vie spécifiés, et que les risques associés soient acceptables. La qualification d'une munition comprend donc toutes les configurations et situations, qui se présenteront probablement pendant son cycle de vie. [qualification de type*, évaluation, caractérisation]
qualification (2).	**homologation**
Explosive materials: The assessment of an explosive material by the accredited authority to determine whether it possesses properties which make it safe and suitable for consideration for use in its intended role. [qualified explosive material, final or type qualification] Ref: 4170 and AOP-7, 4397 and AOP-26.	*Matières explosives:* Évaluation par l'autorité accréditée pour déterminer si elle possède les propretés de sécurité et d'aptitude à l'emploi dans son usage générique. [matière explosive homologuée, homologation finale ou type] Réf: 4170 et AOP-7 4397 et AOP-26.
qualified explosive material	**matière explosive homologuée**
An explosive material which has successfully completed the qualification process of an accredited authority. This is an intermediate risk reduction stage prior to final (or type) qualification. [final (or type) qualified explosive] Ref: AOP-7, AOP-26.	Matière explosive qui a subi entièrement avec succès le processus de homologation de l'autorité accréditée. Il s'agit là d'une étape intermédiaire de diminution de risques avant l'homologation finale. [homologation finale (ou type)] Réf: AOP-7, AOP-26.
radio and radar radiation hazards (RADHAZ)	**dangers des rayonnements radio-radar**
The risk of inadvertent ignition of electro-explosive devices and inflammables, injury to personnel or malfunction of safety critical electronic systems resulting from exposure to electromagnetic radiation environment in the frequency range emitted by radio and radar installations. Ref:1307, 4234.	Risque d'initier impestivement des dispositifs électro-pyrotechnique et des produits inflammables ou de blesser le personnel ou d'occasionner de mauvais fonctionnements des systèmes électroniques critiques du point de vue de la sécurité, dû à une exposition à un environnement électromagnétique dans la plage de fréquence émises par les équipements radio et radar. Réf:1307, 4234.
rate of fire	**cadence de tir**
The number of rounds fired per weapon per minute or per second. [firing rate*, firing interval] See also AAP-6.	Nombre de coups tiré par une arme en une minute ou en une seconde. [intervalle de tir] Voir aussi AAP-6.

reactivation capability A capability which will cause a fuzing system, having been deactivated, to return to a state in which it is again capable of reacting to a firing signal. Ref: 4187, AOP-31.	**capacité de réactivation** Capacité conférée à un système de fusée, qui, désactivé, pourrait revenir dans un état qui lui permet de réagir à un signal de mise à feu. Réf: 4187, AOP-31.
reattachment *Lightning:* See STANAGs 4236 and 4327.	**réattachement** *Foudre:* Voir les STANAG 4236 et 4327.
recovery *Demilitarization of munitions*: The process of extracting serviceable and economically repairable components and material from excess or surplus munitions. Ref: 4518.	**récupération** *Démilitarisation de munitions*: Extraction de composants et de matériaux utiles ou économiquement réparables d'une munition de surplus. Réf: 4518.
recycling *Demilitarization of munitions*: The use in a different item of materials recovered from a munition. Ref: 4518.	**recyclage** *Démilitarisation de munitions*: Utilisation des composants récupérés sur une munition dans un article différent. Réf: 4518.
relay : See "lead".	**relais** : Voir "lead / relais (1)".
relay box *Demolition systems:* Device converting the output from the receiver into a pulse to initiate (a) demolition charge(s) either sequentially or concurrently. It can be a part of the receiver or linked to it. Ref: AOP-31.	**boîte relais** *Systèmes de destruction:* Dispositif qui convertit l'effet du récepteur en une impulsion destinée à initier une ou plusieurs charges de destruction, consécutivement ou simultanément. Il peut être un composant de récepteur ou être relié avec. Réf: AOP-31.
reliability The ability of an item to perform a required function under stated conditions for a stated period of time or on demand. [suitability for service, dependability, availability, maintainability] Ref: ARMP-1.	**fiabilité** Aptitude d'un article à exécuter une fonction spécifiée dans des conditions déterminées pendant une période de temps donnée ou au moment d'une demande. [aptitude au service, sûreté de fonctionnement, disponibilité, maintenabilité] Réf. ARMP-1.
render safe 1. *Use of munition:* To bring an armed munition to a non-armed condition. Ref: 4187. 2. *Munitions design*: To prevent inadvertent explosive functioning through the application of special interruption or separation techniques and tools. Ref: 4497.	**mise en position de sécurité** 1. *Utilisation d'une munition:* Action sur une munition armée pour la placer dans un état non armé. Réf: 4187. 2. *Conception de munition:* Application de techniques et de dispositifs particuliers d'interruption ou de séparation pour éviter un fonctionnement explosif intempestif. Réf: 4497.
response *Munition testing*: An observed reaction of a test specimen to the imparted stimulus, for example, fracture, detonation, deformation, penetration, arming, etc. The absence of an observed reaction is referred to as a nonresponse. *(AOP-20, §D2.7.11)*. See also "munition response". Ref. AOP-20.	**réponse** *Essais munitions:* Réaction observée d'un spécimen d'essai à un niveau de stimulus appliqué, par exemple fracture, détonation, déformation, pénétration, armement, etc. En absence d'observation de réaction, on parle de non-réponse. Voir aussi "réponse de la munition". Réf. AOP-20

response descriptors Classification of reactions resulting from unwanted initiation of a munition, based on the effects on the environment of the munition. The types of reactions are: propulsion and response type I, II, III, IV and V. These response descriptors describe the effects from a munition on its environment. [munition response*] Ref: 4439, AOP-39.	**réactions types** Classification des réactions qui résultent de l'initiation non désirée d'une munition, basée sur les effets sur l'environnement de la munition. Les types de réaction sont: projection et réactions de type I, II, III, IV et V. Ces réactions types décrivent les effets d'une munition sur l'environnement. [réponse de la munition*]. Réf: 4439, AOP-39.
restrike *Lightning:* See STANAGs 4236 and 4327.	**décharge secondaire** *Foudre:* Voir les STANAG 4236 et 4327.
reuse *Demilitarization of munitions:* The alternative use of a munition or its components, e.g., change from operational to training use. Ref: 4518.	**réutilisation** *Démilitarisation de munitions:* Utilisation alternative d'une munition ou de ses composants, par exemple passer de l'opérationnel à l'entraînement. Réf: 4518.
reversible failure Failure of a materiel caused under specified environmental conditions, and the materiel returns to normal functional and safety conditions when these conditions cease. [irreversible failure]	**défaillance réversible** Défaillance d'un matériel, provoquée dans des conditions d'environnement spécifiées, suivi d'un retour du matériel au conditions de fonctionnement et de sécurité normales lorsque ces conditions ont cessées d'exister. [défaillance irréversible]
rifle launched grenade A munition designed to be projected from a service rifle. [rifle grenade*] Ref: 4520.	**grenade à fusil** Munition destinée à être lancée par un fusil de guerre. Réf: 4520.
ring set fuze A time fuze where the ogive or part connected to the timing release mechanism rotates about the stationary body. Ref: 2916.	**fusée à anneau** Fusée à temps dans laquelle l'ogive ou la partie reliée au mécanisme de réglage du temps tourne autour du corps fixe. Réf: 2916.
rising mine *Sea mines:* In naval mine warfare, a mine having positive buoyancy which is released from a sinker by a ship influence or by a timing device. The mine may fire by contact, hydrostatic pressure or other means. (AAP/6)	**mine à flotteur largable** Mines navales: Mine de flottabilité positive, libérée de son crapaud à la réception d'une influence convenable, provenant d'un bâtiment ou par un dispositif chronométrique. La mine peut exploser au contact, par dispositif hydrostatique ou par autre procédé. (AAP/6)
risk The combination of the frequency, or probability, and the consequences of a mishap. [hazard, threat, mishap, accident] Ref: AOP-15, MIL-STD-882.	**risque** Ensemble de la fréquence ou la probabilité, et des conséquences d'un accident. [danger, menace, accident] Réf: AOP-15, MIL-STD-882.

risk analysis	analyse de risque
The systematic use of available information to identify hazards and to estimate the risk to individuals or populations, property or the environment. (IEC) [hazard analysis]	Exploration systématique de l'information disponible pour identifier les dangers et pour estimer le risque pour personnes ou populations, propriétés ou l'environnement. [analyse des dangers]
risk assessment	évaluation des risques (1)
The overall process of risk analysis and risk evaluation. (IEC) [risk evaluation]	Ensemble du processus d'analyse de risque et d'évaluation de risque. (IEC, traduction provisoire) [évaluation des risques (2)]
risk control	maîtrise des risques
Process, the purpose of which is to determine the status of each individual risk throughout a programme. The principal activities involved in this process are the drafting of specifications, and risk identification, assessment, reduction and acceptance.	Processus dont le but est de connaître l'état de chaque risque individuel tout au long d'un programme. Les grandes activités de ces processus sont l'établissement des spécifications, l'identification et l'évaluation de risques, leur réduction et leur acceptation.
risk estimation	estimation du risque
The process used to produce a measure of the level of risk being analysed. Risk estimation consists of the following: frequency analysis, consequence analysis and their integration. (IEC)	Processus appliqué pour produire une mesure du niveau du risque en cours d'analyse. L'estimation du risque comprend : les analyses de la fréquence, des conséquences et de leur intégration. (IEC, traduction provisoire)
risk evaluation	évaluation des risques (2)
The process in which judgements are made on the tolerability of the risk on the basis of risk analysis and taking into account factors such as socio-economic and environmental aspects (IEC) [risk assessment]	Processus dans lequel l'on juge la tolérabilité du risque, basé sur l'analyse du risque et prenant en compte des facteurs tels que les aspects socio-économiques et d'environnement. (IEC, traduction provisoire) [évaluation des risques (1)]
risk management	gestion des risques
The systematic application of management policies, procedures and practices to the tasks of analysing, evaluating and controlling risks (IEC)	Application systématique de la politique de gestion, des procédures et des pratiques aux tâches concernant l'analyse, l'évaluatio9n et la maîtrise des risques. (IEC, traduction provisoire)
rocket	roquette
Self-propelled, unguided projectile. [missile, projectile]	Projectile autopropulsée non guidée. [missile, fusée, projectile]
rocket assisted projectile	projectile à propulsion additionnelle
A projectile which has been modified with a post launch boost to achieve greater range.	Projectile muni d'une poussée supplémentaire pour en augmenter la portée.

rocket propellant	**propergol pour roquette**
Substance or mixture of substances, which is required to burn in a controlled manner within a rocket motor producing hot gases which are vented through a nozzle to propel the munition. Ref: 4170.	Matière ou mélange de matières qui doivent brûler de façon contrôlée à l'intérieur d'un propulseur en produisant des gaz chauds qui sont éjectés à travers une tuyère pour propulser la munition. Réf: 4170.
round	**coup complet**
All the parts that make up the ammunition necessary in firing one shot. [complete round*, cartridge]	Ensemble des parties qui constituent une munition et sont nécessaires pour tirer un coup. [cartouche]
sabot	**sabot**
Lightweight carrier in which a subcalibre projectile is centred to permit firing the projectile in the larger calibre weapon. The carrier fills the bore of the weapon from which the projectile is fired; it is normally discarded a short distance from the muzzle. (AAP – 6)	Support léger dans lequel un projectile d'un calibre plus petit est centré pour permettre le tir du projectile dans une arme de calibre plus grand. Le support obture l'âme de l'arme d'où le projectile est tiré. Il est normalement rejeté à une courte distance de la bouche du canon. (AAP – 6)
safe : See "safety".	**état de sécurité** : Voir "sécurité".
safe fatigue life	**durée de vie en fatigue du point de vue de la sécurité**
Cannon: The limit which should not be exceeded in service on the working life of an item where the probability of catastrophic failure is no longer acceptable. The fatigue life is normally derived from a test to destruction of a number of barrels or other components and application of a statistical analysis. [wear life, service life] Ref. 4516.	La limite qui ne devrait pas être dépassée en service durant la durée de vie fonctionnelle d'un élément, lorsque la probabilité d'une défaillance catastrophique due à la fatigue n'est plus acceptable. La durée de vie est normalement déterminée à partir d'un essai allant jusqu'à la destruction d'un certain nombre de tubes ou d'autres composants, et l'application d'une analyse statistique. [durée de vie en usure, durée de vie en service] Réf. 4516.
safe jettison	**largage de détresse en condition de sécurité**
Deliberate release or ejection of a non-armed munition in a manner which ensures that arming cannot occur. Ref: 4187, 4333, 4432, 4433.	Largage ou éjection délibéré d'une munition non armée, de façon que l'armement ne soit pas possible. Réf: 4187, 4333, 4432, 4433.
safe jettison test	**essai de largage**
A test to verify if the jettison of a munition from its platform can be executed under safe conditions. Ref: 4333, 4432. [safe jettison]	Essai consistant à vérifier que le largage d'une munition depuis sa plate-forme puisse s'effectuer en sécurité. Réf: 4333, 4432. [largage de détresse]

safe separation	séparation en sécurité
The places or area where the risks to personnel and materiel are acceptable, with regard to the intentional or accidental function of a weapon or a munition, and the protection provided. Safe separation may be achieved by means of sufficient distance to the explosion point, screens, shelters. [safe separation distance, danger area]	Endroits ou aire où les risques pour le personnel et le matériel sont acceptables, par rapport au fonctionnement projeté ou intempestif d'une arme ou de munition, et à la protection disponible. La séparation en sécurité peut être obtenue par une distance suffisante du point d'explosion, des écrans, des abris. [distance de sécurité, zone dangereuse]
safe separation distance	**distance de sécurité**
Launched or released munition: A minimum distance between the delivery system or launcher and the armed munition beyond which the risks of functioning of the munition to personnel and the launch platform or delivery system are acceptable. 1. A fuzing system should not be armed within the safety distance. 2. For hand emplaced munitions, see "safe separation". [safe separation]	*Munition propulsée / relâchée:* Distance minimale entre le système de largage ou le lanceur de la munition, et la munition armée, au delà de laquelle des risques associés à la munition sont acceptables. 1. Un système de fusée ne devrait être armé qu'au delà de la distance de sécurité. 2. Pour les munition à positionnement manuel, voir "séparation en sécurité". [séparation en sécurité]
safety	**sécurité**
Situation: An acceptable level of freedom from risks to personnel and material at all times recognizing. *Materiel:* The inherent property of a system, subsystem or item that enables it to possess and to maintain an acceptable level of risk during all situations and activities occurring during its specified life cycle. Safety state is the situation wherein the overall risks are acceptable. [system safety, weapon safety, hazard, risk, danger] Ref : AOP-15, MIL-STD 882.	*Situation:* Niveau acceptable d'absence de risques pour le personnel et le matériel à tout moment. *Matériel*: Propriété d'un système, sous-système ou article qui le permet de posséder et de maintenir un niveau de risque acceptable pendant touts les situations et activités qui surviennent pendant son cycle de vie spécifié/ L'état de sécurité est la situation dans laquelle l'ensemble des risques est acceptable. [sécurité système. sécurité arme, risque, danger] Réf : AOP-15, MIL-STD 882.
safety analysis: See "hazard analysis".	**analyse de sécurité**: Voir "analyse de risque".
safety and arming device (SAD)	**dispositif de sécurité et d'armement (DSA)**
A device that prevents a fuzing system from arming until an acceptable set of conditions has been achieved and subsequently effects arming and allows functioning of the payload. [safety and arming unit*, safety and arming mechanism *] Ref: 4187.	Dispositif empêchant un système de fusée de s'armer jusqu'à ce qu'un ensemble acceptable de conditions soient atteintes, effectuant subséquemment l'armement et permettant le fonctionnement de la charge utile. [mécanisme de sécurité et d'armement *] Réf: 4187.
safety and arming unit (SAU): See "safety and arming device".	**dispositif de sécurité et d'armement (DSA)** -

safety and suitability for service (S3)	sécurité et aptitude au service
A general term used to summarize the requirements for a munition to be acceptably free from hazards and to have inherent characteristics that meet specified requirements during its agreed life cycle. It does not include operational effectiveness. [safety, reliability] Ref: AOP-15.	Terme général couvrant les exigences imposées à une munition pour présenter un niveau de risques acceptable et posséder des caractéristiques inhérents aux exigences spécifiées pour le cycle de vie convenu. Il ne comprend pas l'efficacité opérationnelle. [sécurité, fiabilité] Réf: AOP-15.
safety barrier	**barrière de sécurité**
Materiel or procedure designed to interrupt or modify a feared potential event, in order to reduce the probability or gravity of the event.	*Matériel* ou procédure destiné à interrompre ou modifier un événement redouté, de façon à en réduire la probabilité ou la gravité.
safety critical	**critique du point de vue de la sécurité**
Characterization of a condition, event, function, operation, process, or item of a system whose proper recognition, control, performance, or tolerance is essential to system safety during any phase of its life cycle. Examples are: safety critical function, safety critical path, safety critical component. [critical characteristic, critical defect] Ref: AOP-15, 4404, MIL-STD 882.	Caractérisation d'une condition, un événement, une opération, un processus ou un élément du système dont la reconnaissance, la maîtrise, la performance ou la tolérance correcte est essentielle pour la sécurité du système pendant toutes les phases de son cycle de vie. Exemples: fonction, chemin ou composant critique du point de vue de la sécurité. [caractéristique critique, défaut critique] Réf: AOP-15, 4404, MIL-STD-882.
safety critical computing system (SCCS)	**système informatisé critique du point de vue de la sécurité**
A computing system containing at least one safety critical function. [safety critical function, safety critical system]. Ref: 4187, 4404.	Système informatisé qui comprend au moins une fonction critique du point de vue de la sécurité. [fonction critique du point de vue de la sécurité, système critique du point de vue de la sécurité] Réf: 4187, 4404.
safety critical function	**fonction critique du point de vue de la sécurité**
A function in which an failure will result in a potential unacceptable risk to the user, friendly forces, the system, other materiel, third parties or the environment. Ref: 4404.	Fonction dont une défaillance amènera un risque potentiel inacceptable pour l'utilisateur, les forces amies, le système, autre matériel, les tiers ou l'environnement. Réf: 4404.
safety critical system	**système critique du point de vue de la sécurité**
A system in which a failure will result in a potential unacceptable risk to the user, friendly forces, the system, other materiel, third parties or the environment. [safety critical function, critical item, safety system] Ref: 4234, 4324.	Système dans lequel une défaillance amènera un risque potentiel inacceptable pour l'utilisateur, les forces amies, le système, autre matériel, les tiers ou l'environnement. [système de sécurité] Réf: 4234, 4324.
safety device : See "safety feature".	**dispositif de sécurité** -
safety distance: See "safe separation distance" .	**distance de sécurité** -
safety failure: See STANAG 4497.	**défaillance de la sécurité**: Voir STANAG 4497.

safety feature	dispositif de sécurité
1. *General*: Device to reduce weapon system or munitions risks. (AAP-19) 2. *Fuzing system*: An element or combination of elements designed to prevent unintended arming and functioning. Ref: 4187, 4497, AOP-20, AOP-31. [safety device*]	1. *En général*: Dispositif destiné à réduire les risques du système d'arme et de la munition. (AAP-19) 2. *Système de fusée*: Élément ou combinaison d'éléments destiné à prévenir l'armement et le fonctionnement accidentel. Réf: 4187, 4497, AOP-20, AOP-31.
safety fuze	**mèche lente**
A pyrotechnic contained in a flexible and weather-proof sheath which will burn at a timed and constant rate, used to transmit a flame to the detonator. [US: fuse, blasting, time] Ref: AOP-31, AAP-6, AAP-19	Cordon de poudre contenue dans une gaine souple et étanche, qui brûlera à une vitesse lente et constante et servant à transmettre une flamme à un détonateur avec un retard. Réf: AOP-31, AAP-6, AAP-19.
safety kernel	**programme interne de sécurité**
Computer systems: An independent computer program that monitors the state of the system to determine when potentially unsafe system states may occur or when transitions to potentially unsafe systems may occur. The safety kernel is designed to prevent the system from entering the unsafe state and return it to a known safe state. Ref: 4404.	*Systèmes informatiques*: Programme informatique indépendant qui surveille l'état du système afin de détecter l'apparition d'éventuels états de risque du système ou des transitions vers de tels états. Ce programme est conçu pour empêcher le système d'entrer dans un état de risque et pour le ramener dans un état de sécurité connu. [noyau dur] Réf: 4404.
safety margin	**marge de sécurité**
1. *General:* The maximum range of the physical, chemical, and electrical characteristics beyond which the safety and/or the suitability are compromised, taking into account the interfaces of the item and the life cycle profile. Ref: 4324. 2. *Mechanical strength*: The minimum difference between load on an item and strength of the item. If the difference is smaller, safety will be compromised. 3. *Mortars*: The difference between the mortar safe maximum pressure (SMP) curve and the mortar design pressure (DP) curve at any point along the barrel. Ref: 4225. [margin of safety]	1. *En général*:: L'étendue des caractéristiques physiques, chimiques et électriques, au-delà de laquelle la sécurité et/ou l'aptitude sont compromises, tenant compte des interfaces de l'article et du cycle de vie. Réf: 4324. 2. *Résistance mécanique*: La différence minimale entre la charge sur un article et la résistance de l'article. Si la différence est plus petite, la sécurité sera compromise. 3. *Mortiers*: Différence entre les courbes de pression maximale de sécurité et de pression nominale tout le long du tube de mortier. Réf: 4225.
safety system	**système de sécurité**
The aggregate of safety features and devices of a system and the procedures associated with its use that eliminate, control or mitigate risks from the system throughout its life cycle. Ref: 4497.	Ensemble de dispositifs et de mécanismes de sécurité d'un système et des procédures associées à son utilisation qui permettent d'éliminer, de maîtriser, d'atténuer les risques du système pendant son cycle de vie. Réf: 4497.

safety template Mapping of an unsafe area. [safe separation, danger area]	**gabarit de sécurité** Plan d'une zone dangereuse. [séparation en sécurité, zone dangereuse]
scuttle *Naval mines*: To flood the mine case. (OB)	**saborder** *Mines navales*: Noyer le flotteur de la mine.
sea skimmer A missile designed to transit at less than 15 metres (50 feet) above the surface of the sea. (AAP– 6)	**missile à trajectoire rasante** Missile conçu pour survoler la mer à moins de 15 m de la surface. (AAP–6)
secondary explosive A substance or mixture which will detonate when initiated by a shock wave but which normally does not detonate when heated or ignited. (OB) (1) As opposed to "primary explosive". (2) The above definition applies essentially to fuzes. For this case, STANAG 4170 helps to determine the conditions under which the explosive is to be used (upstream of downstream a barrier, interrupter). [booster explosive, primary explosive]	**explosif secondaire** Matière ou mélange qui détone après amorçage par une onde de choc mais qui normalement ne détone pas après échauffement ou allumage. (1) Par opposition à "explosif primaire". (2) La définition ci-dessus se rapporte essentiellement aux fusées. Dans ce cas le STANAG 4170 aide à déterminer les conditions d'emploi d'un explosif (en amont ou en aval d'une barrière). [explosif de relais, explosif primaire]
secured cargo munition Any munition which is firmly attached to the vehicle structure with or without anti-vibration mounts or isolators, but which will be removed or launched from the vehicle at some stage. The carriage may be of relatively short duration compared with installed munitions. [loose cargo munition, installed munition] Ref: AOP-34.	**munition arrimée** Munition qui est fermement attachée à la structure du véhicule avec ou sans cadres anti-vibrations ou isolateurs, mais qui pourra être désarrimée ou enlevée de son logement. Son transport pourra être d'une durée relativement courte comparée à celle des munitions installées à demeure. [munition non-arrimée, munition installée] Réf: AOP-34.
self destruction Automatic destruction of an explosive charge in a munition that did or will not complete its mission as intended.	**autodestruction** Destruction automatique d'une charge explosive dans une munition qui n'achève ou n'achèvera pas sa mission projetée.
self-guided missile Missile with an autonomous guidance system. [missile, teleguided missile, "fire and forget"]	**missile autoguidé** Missile avec un système guidage autonome. [missile, missile téléguidé]
semi-conductor bridge (SCB) initiator An electro-explosive device containing a bridge which, when subjected to a pulse of electrical energy produces a plasma discharge initiating an explosive with which it is in contact. [electro-explosive device] Ref: 4560.	**dispositif électro-pyrotechnique à pont semi-conducteur** Dispositif électro-pyrotechnique contenant un pont qui, soumis à une impulsion d'énergie électrique, produit une décharge de plasma amorçant une matière avec lequel il est en contact. [dispositif électro-pyrotechnique] Réf: 4560.

sensitiveness *Safety of an explosive or an explosive item:* The probability or a measure of the ease of being initiated by a specified stimulus. Sensitiveness is an inverse measure of the safety of an explosive against accidental initiation, the probability of being initiated by unintended events. For the assessment of the sensitiveness of an explosive or an explosive item, the no-fire threshold is determined. [no-fire threshold, sensitivity]	**sensibilité** (1) *Sécurité d'une matière explosive ou d'un élément explosif:* La probabilité ou la facilité d'être initié par un stimulus spécifié. Dans ce sens, la sensibilité est l'inverse de la résistance prescrit, la probabilité d'initiation due à un événement **non projeté**. Pour l'évaluation d'une matière explosive ou un élément explosif, le seuil de non-feu est déterminé. [réactivité*, seuil de non-mise à feu]
sensitivity *Suitability for service, reliability:* A measure of the stimulus required to cause reliable functioning of an explosive system in the design mode. 1. Sensitivity is the probability of being initiated by an *intended* action and a specified stimulus. For the assessment, the all-fire level is determined. 2. The expression of the sensitivity towards these actions depends on the equipment and the procedure (of the test). [sensitiveness, firing level, all-fire leve]	**sensibilité** (2) *Aptitude au service, fiabilité:* Mesure du stimulus requis pour provoquer le fonctionnement fiable d'un système explosif dans son mode de conception. 1. Dans ce sens, la sensibilité est la probabilité d'initiation due à un événement *projeté*. Pour l'évaluation, le seuil de mise à feu est déterminé. 2. L'expression de la sensibilité pour ces actions dépend de l'appareillage et du mode opératoire utilisés. [niveau de mise à feu, seuil de mise à feu]
sensor An equipment that detects, and may indicate, and/or record objects and activities by means of energy or particles emitted, reflected, or modified. (AAP-6) [environmental sensor*] Ref: 4187, AOP-31.	**capteur** Équipement destiné à assurer la détection d'objets ou d'activités et permettant de les représenter ou de les enregistrer grâce à l'énergie ou aux particules qu'ils émettent, réfléchissent ou modifient. (AAP-6) [détecteur d'environnement*, senseur*] Réf: 4187, AOP-31.
service environment The total set of all external natural and induced conditions to which an item or a materiel is expected to be exposed throughout its service life. [environmental profile, life cycle, service life]	**environnement propre au service** Ensemble de toutes les conditions extérieures, d'origine naturelles ou artificielles, auxquelles un article ou un matériel seront vraisemblable-ment soumis pendant toute leur durée de vie de service. [environnement d'exploitation*, profil d'environnement, cycle de vie, durée de vie en service]

service life	**durée de vie en service**
The time during which materiel, in specified storage conditions and when subsequently used in its specified operational and/or training conditions, may be expected to remain safe and serviceable.	Période pendant laquelle un matériel, dans des conditions de stockage spécifiées, et utilisée par la suite dans des conditions opérationnelles et / ou d'entraînement spécifiées, est supposé rester sûre et apte au service.
1. Where environmental monitoring equipment is used, the service life will depend on the environmental influences to which the materiel has been exposed.	1. Si des dispositifs de contrôle de l'environnement sont utilisés, la durée de vie en service sera fonction des influences de l'environnement auxquelles le matériel a été exposé.
2. The service life does not include the elimination from service, e.g., disposal. [manufacture to target sequence*, life cycle, storage life, operational life]	2. La durée de vie en service ne comprend pas l'élimination du service du matériel (mise au rebut). [cycle de vie, durée de vie en stockage, durée de vie opérationnelle]
service life cycle	**cycle de vie en service**
A time-based description of the events and environments an item experiences from manufacture to final expenditures or removal from the operational inventory, to include one or more mission profiles, but not disposal or demilitarization.	Description chronologique des événements et conditions ambiantes auxquelles un article est exposé depuis le moment de sa fabrication jusqu'au moment où il est totalement consommé ou retiré de l'inventaire opérationnel; ce cycle de vie comprend un ou plusieurs profils de mission mais pas la destruction ni la démilitarisation.
The life cycle includes the service life cycle and the end-of-life events, e.g., disposal. [manufacture to target sequence*, life-profile (ARMP-1), service life, environment]	Le cycle de vie comprend le cycle de vie en service ainsi que les événements de la fin de vie de service (mise au rebut, etc.) profil de vie (ARMP-1), durée de vie en service, environnement]
setter slots (holder, setting)	**fentes des débouchoirs (de calage, de réglage)**
Those features of a fuze which interact with a setter, either automatic or hand, to enable the setting of the required mode of function.	Caractéristiques d'une fusée qui interviennent dans l'action d'un débouchoir, soit automatique ou à main, de façon à permettre le réglage du mode de fonctionnement souhaité.
[fuze setter] Ref: 2916.	[débouchoir de fusée] Réf: 2916.
shall	**doit, doivent, il faut**
Provision that is mandatory.	Clause impérative.
[should]	[devrait, devraient, il faudrait]
shaped charge	**charge formée**
A charge shaped so as to concentrate its explosive force in a particular direction. (AAP-6)	Charge ayant une forme de manière à concentrer l'énergie de détonation dans une direction particulière. (AAP-6)
[hollow charge]	[charge creuse]

shell	obus
A hollow projectile filled with high explosive or other material, fired from a gun, cannon, howitzer or recoilless gun (rifle). Mortar fired projectiles are called shell (US) or bomb (UK). A solid projectile is called a shot.	Projectile creux rempli d'un explosif ou d'une autre substance, tiré d'un canon, d'un obusier, d'un mortier ou d'un canon sans recul.
shock	**choc**
Mechanical environment: The transient dynamic effect experienced by an object when a single pulse of mechanical energy is imparted to it. Ref: 2914, AECP-1, AECTP-400.	*Environnement mécanique:* Effet dynamique transitoire que subit un objet lorsqu'on lui communique une impulsion unique d'énergie mécanique. Réf: 2914, AECP-1, AECTP-400.
shock excitation - *Lightning:* See STANAG 4236.	**décharge oscillatoire** - *Foudre:* Voir STANAG 4236.
shock-to-detonation transition (SDT)	**transition de choc en détonation (TCD)**
Phenomenon of the transformation of a mechanical shock into a detonation. [deflagration-to-detonation transition, explosion-to-detonation transition]	Phénomène de transformation d'un choc mécanique en détonation. [transition choc-détonation*, transformation de déflagration en détonation, transformation d'explosion en détonation]
shock tube	**tube choc**
Flexible plastic tube of which the internal surface is covered by a thin layer of explosive and applied as a means of transmission in an explosive train. [detonating cord] Ref: AOP-31.	Tube plastique souple dont la surface interne est couverte d'une mince couche d'explosif et qui est utilisé comme moyen de transmission dans une chaîne pyrotechnique. [cordeau détonant] Réf: AOP-31.
should	**devrait, devraient, il faudrait**
A provision that, although not mandatory, is highly desirable or recommended. [shall]	Clause non obligatoire, mais vivement souhaitable ou recommandée. [doit, doivent, il faut]
single point failure	**point de défaillance unique**
Situation or event which on its own may lead to an unacceptable state or event. Single point failures are related to functions which, with respect to their safety and reliability : - are not redundant - are redundant but: (1) are affected by a common failure mode; (2) have a common external failure cause (external aggression); (3) are not controllable (loss of function not detectable). Ref: 4497.	Situation ou événement qui, à lui seul, pourra provoquer un état ou un événement inacceptable. Les points de défaillance unique se rapportent aux fonctions qui vis-à-vis de leur fiabilité : - ne sont pas redondées - sont redondées mais (1) sont affectées par un mode commun de défaillance (2) ont une cause extérieure commune de défaillance (agression extérieure) ; (3) ne sont pas contrôlables (perte de fonction non détectable). Réf: 4497.
slapper detonator: See "exploding foil initiator"	**détonateur "slapper"**: Voir "dispositif électro-pyrotechnique à élément projeté".

slow heating: See STANAG 4382 [cook-off]	**échauffement lent**: Voir STANAG 4382 [explosion par échauffement]
slurry: See "explosive slurry".	**bouillie explosive** -

sneak analysis
 	
    Analyses designed to identify paths (control signals, information, etc.) not initially intended, and their consequences.
	analyse des causes insidieuses
	
	    Analyses pour rechercher des cheminements (de signal de commande, d'information, etc.) non initialement voulu et l'analyse de leurs conséquences.

sneak circuit
 	
    An unexpected path or logic flow within a system which, under conditions, can initiate an undesired function or inhibit a desired function.
 	
    Sneak situations may be caused by unexpected paths, order of events, wrong indications or wrong interpretation of observations (human failure). The path may consist of hardware, software or operator actions, or a combination of these. In this case, such circuits are not the result of hardware failures, but are latent conditions inadvertently designed into the system or coded into software programs causing the system perform unwanted, unintended actions.
	circuit insidieux
	
	    Flux logique ou chemin inattendu dans un système qui, sous es conditions, peut initier une fonction indésirée ou inhiber un fonctionnement désiré.
	
	    Des situations insidieuses peuvent être causées par des cheminements ou une suite d'événements inattendus, fausses indications ou mauvaises interprétations d'observations (défaillance humaine). Le chemin peut être inclus dans le matériel informatique, le logiciel ou des actions de l'opérateur, ou une combinaison de ces derniers. Dans ce cas, de tels circuits ne sont pas le résultat de défauts de matériel informatique, mais sont des conditions latentes, conçus de manière non désirée dans le système ou codés dans le programme logiciel causant un fonctionnement non voulu ou des actions inattendues.

software
 	
    The non-hardware elements of a system which include computer programming operating systems, programming languages, data bases and associated documentation. These consist of written or printed data, such as programs, systems of programs, routines, and symbolic languages, essential to the operation of computers to perform specific functions.
 	
[firmware, hardware] Ref: 4404, 4452, 4187, AOP-15.
	logiciel
	
	    Ensemble des éléments, autre que matériels qui incluent les systèmes d'exploitation, les langages de programmation, les bases de données et la documentation associée. Il comprend des données écrites ou imprimées, telles que les programmes, les systèmes , les routines et langages machine, nécessaires pour effectuer des opérations informatisées qui conduisent à l'amélioration des fonctions spécifiques.
	
	[documentation industrielle, "hardware"] Réf: 4404, 4452, 4187, AOP-15.

solar radiation
 	
    The infra-red, visible and ultraviolet radiation from the sun.
 	
Values for the spectral energy distribution of solar radiation at sea level are given in STANAG 2895. Solar radiation beyond these spectra are usually not considered to be relevant to munition safety.
	rayonnement solaire
	
	    Rayonnement infrarouge, visible et ultraviolet émis par le soleil.
	
	La répartition spectrale de l'énergie du rayonnement solaire au niveau de la mer est présentée dans le STANAG 2895. La rayonnement solaire au-delà de ces spectres n'est habituellement pas considéré pertinent à la sécurité des munitions.

spin stabilized	stabilisé par rotation
Rotation is imparted about the longitudinal projectile axis to ensure stability in flight. [fin stabilized] Ref: 2916.	Rotation appliquée sur l'axe longitudinal du projectile de façon à assurer sa stabilité en vol. [stabilisé par ailettes] Réf: 2916.
squib	**étoupille**
A small electro-explosive device for producing a rapid evolution of gas to power a mechanical device or for igniting a pyrotechnic. (OB) [primer, initiator]	Petit dispositif électro-pyrotechnique qui produit une génération rapide de gaz afin d'activer un dispositif mécanique ou pour allumer une composition pyrotechnique. [amorce, initiateur]
stability	**stabilité**
State or quality of a product whose properties do not change or are very difficult to change.	État ou qualité d'un produit dont les propriétés ne se modifient pas ou très difficilement.
stabilizer	**stabilisant**
A substance which stops or reduces self-catalytic decomposition of explosives. (OB)	Matière qui arrête ou réduit la décomposition autocatalitique des matières explosives.
standard test	**essai normalisé**
The current, commonly accepted method of evaluating the safety, performance or reliability. [mandatory test, optional test] Ref. AOP20.	Méthode en vigueur couramment acceptée pour évaluer la sécurité, la performance ou la fiabilité. [essai obligatoire, essai facultatif] Réf : AOP-20.
stand-off	**distance d'action** : Voir "distance de fonctionnement".
stand-off	**distance de fonctionnement**
The distance of a shaped charge from a target at the instant of detonation. In general there is an optimum value at which best performance is achieved. (OB) The definition in AAP-19 is not applicable for munitions. Ref: AOP-31.	Distance séparant une charge formée d'une cible au moment de la détonation. En général, il existe une valeur optimale assurant la meilleure performance. La définition de l'AAP-19 n'est pas applicable pour les munitions. réf: AOP-31.
sterilization	**stérilisation**
A process that renders a munition permanently incapable of being initiated or activated. This means that, after specified events and time, activating of energetic materials becomes impossible, when the munition has served its useful purpose or is no longer capable of functioning as designed. Ref: 4187, 4497, AOP-31. [neutralization]	Processus qui rend une munition définitivement incapable d'être initiée ou activée. Ceci implique que les matières énergétiques ne peuvent plus être activées après des événements et un délai spécifiés, après que la munition a servi sa durée de vie en service ou qu'elle n'est plus en mesure de remplir ses fonctions prévues. Réf: 4187, 4497, AOP-31. [neutralisation]
sterilizer	**dispositif de stérilisation**
Mines: A device included in mines to render the mine permanently inoperative on expiration of a pre-determined time after laying. (AAP-6)	*Mines*: Dispositif incorporé dans certaines mines qui rend la mine définitivement inerte à l'expiration d'une période réglée après son mouillage ou sa pose. (Réf: AAP-6)

stimulus The applied energy or power such as current, voltage, mechanical impact, friction, or any other physical phenomenon such as (rate of) change of current, or pressure, which is capable of initiating directly or indirectly an explosive event. [stimulus level] Ref: AOP-20.	**stimulus** Énergie ou puissance appliquée, telle que courant, tension, impact mécanique, friction ou autre phénomène physique tel que (taux de) changement de courant ou pression, capable d'initier directement ou indirectement un événement explosif. [niveau du stimulus] Réf : AOP-20.
stimulus level *Testing:* The value of the test variable imparted to an individual item or test unit. A stimulus level may expressed as: - mechanical energy level (e.g., drop height, mass of bullet); - electrical energy or power (e.g., current, voltage); - rate of change of energy or power (e.g., pressure rise), etc. [stimulus, no-fire threshold, all-fire level] Ref: AOP-20.	**niveau du stimulus** *Essais :* Valeur de la variable d'essai appliquée à une spécimen d'essai. Un niveau de stimulus peut s'exprimer comme : - énergie mécanique (par exemple hauteur de chute, masse d'une balle) ; - énergie ou puissance électrique (courant, tension) ; - taux de variation d'énergie ou de puissance (montée en pression) ; etc. [stimulus, seuil de non-feu, seuil de mise à feu] Réf : AOP-20.
storage The deposit of munition in a covered or uncovered enclosure, awaiting transportation to or from operational theatres or direct use. Normally, the munition is stacked, in its logistic package, and ideally in a controlled environment. [logistic storage, tactical storage]	**stockage** Dépôt de munition dans une enceinte, couverte ou non, en attendant le transport vers les, ou en retour des zones opérationnelles ou l'utilisation immédiat. Normalement, la munition est empilée dans son emballage logistique, dans le cas idéal dans un environnement contrôlé. [stockage logistique, stockage tactique]
storage and transit conditions: See STANAG 2895. [service environment, logistic configuration]	**conditions de stockage et de transit**: Voir STANAG 2895. [environnement propre au service, configuration logistique]
storage environment The total set of all external natural and induced conditions to which a materiel is exposed during its storage life. [environmental profile, life cycle, storage life]	**environnement de stockage** Ensemble de toutes les conditions physiques et chimiques auxquelles un matériel est exposé pendant sa vie de stockage. [environnement d'exploitation*, profil d'environnement, cycle de vie, durée de vie en service]
storage life The time for which an item of supply, including explosives, given specific storage conditions, may be expected to remain serviceable and safe. (AAP-6) [service life, operational life, life cycle, storage and transit conditions]	**durée de vie en stockage** Durée pendant laquelle un article d'approvisionnement - y compris les matières et produits explosifs - dans des conditions de stockage spécifiées, est supposé rester sûr et apte au service. (AAP-6) [durée de vie en service, durée de vie opérationnelle, cycle de vie, conditions de stockage et de transit]

stored energy Latent energy within a (sub)system which, when triggered, is released to perform a function. Examples are: springs under load, batteries, charged capacitors, compressed gas devices and explosive actuators. Ref: 4187.	**énergie emmagasinée** Énergie latente contenue dans un (sous)système, qui, sur commande, est libérée pour l'exécution d'une fonction. Des exemples sont: des ressorts bandés, des batteries, des condensateurs chargés, des dispositifs à gaz comprimé et des déclencheurs d' explosifs. Réf: 4187.
strain rate - *Testing explosives:* See STANAG 4443.	**...** - *Essais matières explosives:* Voir STANAG 4443.
streamer - *Lightning:* See STANAGs 4236 and 4327.	**traceur** (2) - *Foudre:* Voir les STANAG 4236 et 4327.
strike *Lightning:* A lightning discharge which interacts with the materiel which becomes a part of the discharge channel. Ref: 4236.	**coup de foudre** *Foudre:* Décharge qui interagit avec le matériel qui devient une partie du canal de décharge. Réf: 4236.
stroke - *Lightning:* See STANAG 4236.	**coup en retour** - *Foudre:* Voir STANAG 4236.
strong data typing *Computing systems:* A fault tolerance technique wherein a discrete or variable data is represented by a bit pattern that is unique for each valid value and cannot be confused with any other valid value even as a result of a one or two bit error. (4404)	**données en caractères gras** *Systèmes informatiques:* Méthode de tolérance aux pannes dans laquelle une donnée discrète ou variable est représentée par une configuration binaire qui est unique pour chaque valeur et qui ne peut être confondue avec une autre valeur correcte, même dans le cas d'erreur sur un ou deux bits. (4404)
subsequent strokes – *Lightning:* See STANAG 4236.	**coups en retour secondaires** - *Foudre:* Voir STANAG 4236.
sub-system A major subdivision of a system that performs one or more specified functions in the overall functioning of that system. (OB) It may in itself constitute a system.	**sous-système** Sous-ensemble d'un système remplissant une ou plusieurs fonctions spécifiées dans le fonctionnement global du système. En soi il pourra constituer un système.
suitability for service: See "safety and suitability for service". [reliability, safety]	**aptitude au service**: Voir "sécurité et aptitude au service". [fiabilité, sécurité]
surface-launched munition (SLM) Any munition containing explosives which is launched from the ground or sea surface. Ref: 4337.	**munition à lanceur de surface (MLS)** Toute munition qui contient des substances explosives, qui est lancée de la surface de la terre ou de la mer. Réf: 4337.
swept stroke - *Lightning:* See STANAG 4236.	**foudre balayante** - *Foudre:* Voir STANAG 4236.
sympathetic detonation Detonation of a charge by exploding another charge adjacent to it. (AAP-6; AAP-19)	**détonation par influence** Détonation d'une charge obtenue par celle d'une charge proche. (AAP-6; AAP-19)
sympathetic reaction Explosive reaction of a munition by exploding another munition adjacent to it. Ref: 4396.	**réaction par influence** Réaction explosive d'une munition obtenue par explosion d'une munition proche. Réf: 4396.

system	système
A combination of complete operating equipments, assemblies, components, parts or accessories, including software and man/machine interfaces, integrated to perform a specific operational function. (OB)	Ensemble d'équipements, de structures, de composants, de pièces ou d'accessoires complets et opérationnels, y compris les logiciels et les interfaces homme-machine, intégrés pour remplir des fonctions opérationnelles spécifiées.
system design pressure (System DP)	**pression nominale du système**
The value of Cannon Design Pressure (DP) or Projectile DP (whichever is the lower) for a specified system. Ref: 4110, 4224, 4493.	Valeur de la pression nominale la plus basse, soit du canon, soit du projectile, ce-ci pour un système spécifié. Réf: 4110, 4224, 4493.
system safety	**sécurité système**
The capability of a system to avoid causing personal injury or damage to property or the external environment.	Capacité d'un système d'éviter de causer des blessure à personnes ou de dégâts à des propriétés ou à l'environnement.
system safety device	**dispositif de sécurité système**
Remote controlled firing/fuzing systems: A device which, once the system is switched on, can accept and process sensor information and prevents unintentional signals being passed to the initiator. [safety feature] Ref: AOP-31	*Systèmes de mise de feu télécommandés:* Dispositif qui, une fois le système enclenché, est capable de recevoir et traiter l'information reçue d'un capteur et d'empêcher le passage non intentionnel de signaux vers l'initiateur. [dispositif de sécurité] Réf: AOP-31.
system safety program	**programme de sécurité du système**
The combined tasks and activities of system safety management and system engineering implemented by acquisition project managers. Ref: 4497.	Tâches et activités combinées de gestion de sécurité du système et d'étude du système mises en oeuvre par les gestionnaires du projet d'acquisition. Réf: 4497.
tactical storage	**stockage tactique**
The storage of an item for a limited period of time under field conditions. It denotes storage in ammunition depots or readying sites located adjacent to bases, in naval vessels, and, on land, deployment areas, usually without any kind of controlled environment. [storage, logistic storage]	Emmagasinage d'un article de courte durée en entrepôt d'articles, dans de conditions opératio0nnelles. La notion comprend le stockage en dépôts de munitions ou des zones de préparation situés près des bases, dans les navires, et sur terre dans les zones de déploiement, dans un environnement normalement nullement contrôlé. [stockage, stockage logistique]
tactical transportation	**transport tactique**
Transport of items in field conditions from depot storage to bases, naval supply vessels, deployment areas, etc. The concept included short transport of items within and between these sites. **[transportation, logistic transportation]**	Transport d'articles dans de conditions opérationnelles, du stockage en entrepôt vers les bases, navires d'approvisionnement de la marine, zones de déploiement, etc. La notion comprend le transport sur courtes distances d'articles au sein et entre ces emplacements. [transport, transport logistique]

temperature coefficient	**coefficient de température**
Propulsion (sub)systems: The variation per °C with respect to chamber pressure or muzzle velocity, as specified. Temperature coefficients for cannon munitions are specified in terms of temperature range between LFT and UFT. Ref: 4224, 4493.	*(Sous)systèmes de propulsion:* Variation par °C de la pression de chambre ou de la vitesse initiale, selon les spécifications. A spécifier en termes de gamme de température entre la LFT et l'UFT. Réf: 4224, 4493.
test configuration	**configuration d'essai**
A detailed description of the test item state during the test, e.g., package mode or unpackaged, operating or not, interfaces, environmental conditioning, interfaces with associated equipment, fixation and orientation on test equipment, measurement points and eventual modifications for safety (e.g., replacement of explosives by inert material).	Description détaillée de l'état du spécimen pendant l'essai, par exemple le mode d'emballage ou non emballé, en opération ou non, interfaces, conditionnement en environnement, interfaces avec les équipements associés, fixation et orientation sur l'équipement d'essai, points de mesure, et - le cas échéant - des modifications pour des raisons de sécurité (par exemple remplacement de matières explosives par une matière inerte).
test directive	**directive d'essais**
In staff requirements: A documented set of requirements including a requirement to conduct tests and the objectives of the tests.	*Dans les exigences de l'état major:* Un dossier d'exigences qui comprend une exigence d'exécuter des essais et les objectifs des essais.
test method	**procédure d'essai**
A document describing the requirements for the execution of a type of test and its objectives. It comprises modes of execution, sequences, parameters, configurations, equipment, data collection and treatment, and potentially criteria for acceptance with regard to the objectives of the test. 1. Test methods are used as reference documents in a test plan. 2. AC/310 and other NATO publications of test methods are in STANAGs and APs. [test procedure*, test plan, test parameter]	Document qui décrit les exigences pour l'exécution d'un type d'essais et de ses objectifs. Elle comprend les modes d'exécution, les séquences, les paramètres, les configurations, l'équipement, la collection et le traitement des données, et potentiellement les critères pour l'acceptation par rapport aux objectifs de l'essai. 1. Les procédures d'essais sont utilisés comme documents de référence dans un plan d'essais. 2. Les procédures d'essais de l'OTAN sont publiées comme STANAG ou AP. [méthode d'essais*, paramètre d'essais]

test parameter	paramètre d'essais
In a test plan or a test method: A property which permits variation of the test configuration, severity or procedure. Since selection of test parameters can change the controlled environment or otherwise influence results, each variation and each severity of the test parameters shall be specified in the test plan or the test method. [test plan, test method].	*Dans un plan ou une procédure d'essais:* Une propriété qui permet une variation de la configuration de l'essai, de la sévérité ou du choix et/ou de la quantité des échantillons à tester. Puisque la sélection des paramètres d'essais peut changer l'environnement à appliquer, ou autrement influencer les résultats, chaque variation et chaque sévérité des paramètres d'essais doivent être spécifiées dans le plan ou la procédure d'essais. [plan d'essais, procédure d'essais]
test plan	**plan d'essais**
A document describing the tests to be executed, required to meet the objectives defined in the test directives. Included are: identification and quantities of the munition to be tested, reference to or description of the test methods, the test sequences, the values of the test parameters (severities), personnel and equipment needed, procedures for disposal of explosive remainders, data collection and treatment, and the criteria to meet the requirements. Usually, the test plan is established by a project manager. [test directive, test parameter, test method.]	Document qui décrit les essais à exécuter, qui sont nécessaires pour satisfaire les objectifs définis dans la directive d'essais. Y sont compris: l'identification et les quantités de la munition à éprouver, les références ou descriptions des procédures d'essais, les séquences des essais, les valeurs des paramètres d'essais, les procédures pour la mise au rebut des restes explosifs, la collecte et le traitement des données et les critères pour satisfaire les exigences. Normalement, le plan d'essai est établi par le directeur du projet. [directive d'essais, paramètre d'essais, procédure d'essais]
test procedure: See "test method"	**procédure d'essai**
test sequence	**séquence d'essais**
General: Series of tests as a part of a trial or a test program, executed sequentially on a test specimen. *(N)EMP testing*: A series of pulses, radiated or injected by bulk current injection or applied by voltage probes for a given configuration (electrical and geometrical) of the munition or the weapon system or the equipment. (4416)	*En général*: Série d'essais, faisant partie d'une campagne ou d'un programme d'essais, auxquels un spécimen d'essais est soumis consécutivement. *Essais IEM(N)*: Série d'impulsions, émises par rayonnement ou injectées par injection de courant sur toron ou appliquées par des sondes de tension, pour une configuration donnée (électrique et géométrique) de la munition ou du système d'arme ou de l'équipement. (4416)
test severity	**sévérité d'essai**
The level of the test parameters to which the test has to be submitted.	Le niveau des paramètres d'essais auquel le spécimen à tester doit être soumis.
test validation	**validation d'un essai**
Acceptance of the execution of the test in accordance with the test plan and the suitability to satisfy the test objectives. [valid test, invalid test]	Acceptation de l'exécution de l'essai conformément au plan d'essai et à l'aptitude pour répondre aux objectifs de l'essai. [essai validé, essai non-validé]

thermal spark *Electric phenomenon*: Incandescent material, produced when a current is forced to cross a joint between two conducting materials, which have imperfect mating between their surfaces. [voltage spark] Ref: 4327.	**étincelle thermique** *Phénomène électrique*: Le matériau incandescent qui est produit quand un courant est contraint de traverser un joint entre deux matériaux conducteurs dont les surfaces se raccordent mal. [étincelle en tension] Réf: 4327.
thermal time constant *Electro-explosive devices*: The time the bridgewire, the film or the conductive composition takes to reach 63% of the equilibrium temperature when a specified constant power is applied to the terminals of the electro-explosive device.	**constante de temps thermique** *Dispositifs électro-pyrotechniques:* Délai pour un fil chaud, un film ou une composition conductrice pour atteindre 63% de sa température d'équilibre, quand une puissance constante spécifiée est appliquée aux électrodes du dispositif électro-pyrotechnique.
threat: See "hazard". Ref: 4439.	**menace**: Voir "danger". Réf: 4439.
time fuze A fuze designed to initiate a munition at a desired time after launch, release, drop, impact or emplacement. The time is generally set just prior to use. The timing function may be performed by mechanical, electronic, pyrotechnic or other clockwork. [fuzing system, mechanical time fuze] Ref: 4326.	**fusée chronométrique** Fusée conçue pour initier une munition à un moment désiré après lancement, relâche, chute, impact ou positionnement. Normalement, la durée est réglée juste avant utilisation. La fonction d'écoulement de temps peut être réalisée par chronométrage mécanique, électronique, pyrotechnique ou autre. [système de fusée, fusée chronométrique] Réf: 4326.
time to reach peak - *Lightning*: See STANAGs 4236 and 4327	**temps pour atteindre la crête** - *Foudre*: Voir les STANAG 4236 et 4327.
total duration - *Lightning*: See STANAGs 4236 and 4327.	**durée totale** - *Foudre*: Voir les STANAG 4236 et 4327.
tracer Pyrotechnic element enabling optical tracking of the trajectory of a projectile.	**traceur** (1) Artifice permettant de suivre par des moyens optiques la trajectoire d'un projectile.
transfer function *Lightning test*: At a given frequency the ratio between two points in an electrical system of the amplitude of the signals at these points, together with the phase difference between them. The complete transfer function, over the range of frequencies considered, consists of plots against frequency of the amplitude ratio and phase angle between the two points of interest. Ref: 4327.	**fonction de transfert** *Simulation de foudre*: A une fréquence donnée, le rapport entre deux points pour un système électrique de l'amplitude des signaux qui existent en ces points, et par la différence de phase qui existent entre eux. La fonction de transfert complète, pour la gamme des fréquences considérées, est représentée par un tracé en fonction de la fréquence du rapport d'amplitude et de l'angle de phase existant entre ces deux points. Réf: 4327.
transportation The conveyance of materiel by land, sea, or air, either as cargo or in the form of installed equipment. Ref: 2914, AECP-1. [transportation, logistic transportation, tactical transportation]	**transport** Acheminement de matériel par terre, mer ou air, soit comme marchandise, soit sous forme d'équipement installé. Réf: 2914, AECP-1. [transport, transport logistique, transport tactique]

triggered lightning strike – *Lightning:* See STANAG 4236.	**impact de foudre déclenché** - *Foudre*: Voir STANAG 4236.
type I reaction: See "response descriptors". **type II, III, IV, V reactions**: ditto The response descriptors replace the "type … reaction descriptors" in STANAGs 4240, 4241, 4382, 4396, 4496 and 4526.	**réaction de type I**: Voir "réactions types". **réactions de type II, III, IV, V**: dito. Les "réactions types" remplacent les anciennes descriptions des STANAG 4240, 4241, 4382, 4396, 4496 et 4526.
type qualification: See "qualification" or "final qualification".	**qualification type**: Voir "qualification" ou "homologation finale".
unarmed A system is unarmed when all safety devices are in a safe position. [armed]	**non armé** Un système est non armé quand tous dispositifs de sécurité sont en position de sécurité. [armé]
underwater - launched munition (ULM) Any munition that is ejected, propelled, released, placed or otherwise launched in an underwater environment. Ref: 4338.	**munition à lanceur sous-marin** Toute munition éjectée, propulsée, larguée ou lancée de toute autre façon en milieu sous-marin. Réf: 4338.
underwater munition Munition that functions underwater and all devices, components and support equipment of that munition. Ref: 4333.	**munition sous-marine** Munition qui fonctionne sous l'eau ainsi que tous les dispositifs, composants et équipements de maintenance de cette munition. Réf: 4333.
unsafe area Surroundings of a weapon system, the trajectory of launched munitions and the areas where the munition payload could function, wherein the risks for friendly personnel and materiel are unacceptable. [danger area*, restricted area or zone, safety map, safety template].	**zone dangereuse** (2) Environs d'un système d'arme, de la trajectoire des munitions lancées et les zones où la charges utile de la munition peut fonctionner, dans laquelle les risques pour le personnel ami et leur matériel sont inacceptables. [zone restreinte, gabarit de sécurité]
unsafe conditions A system state that may result in a mishap. [unsafe state*, hazardous state*, mishap] Ref: 4404.	**conditions dangereuses** État du système qui peut provoquer un accident. [état dangereux, état d'insécurité*, état de risque*, accident] Réf: 4404.
upper conditioning temperature (UCT) The temperature to which test items are stabilized for hot tests. This temperature is based on the climatic region that the testing nation and the using nation predict to be the worst case hot environment that the test item will encounter during storage and transportation. [upper conditioning temperature] Ref: 4224, 4225, 4493.	**température supérieure de conditionnement** La température à laquelle les spécimens d'essai sont stabilisés en vue d'essais à chaud. Cette température est celle de la région climatique que le pays effectuant les essais et les pays utilisateurs considèrent comme l'environnement chaud correspondant au pire des cas auquel l'article testé sera exposé pendant le stockage et le transport. [température inférieure de conditionnement] Réf: 4224, 4225, 4493.

upper firing temperature (UFT)	température supérieure de tir
The temperature to which test items are stabilized for hot test firing. This temperature is based on the climatic region that the testing nation and the using nation predict to be the worst case hot firing environment that the test item will encounter during operations. [upper firing temperature] Ref: 4224, 4225, 4493.	La température à laquelle les spécimens d'essai sont stabilisés en vue d'essais de tir à chaud. Cette température est celle de la région climatique que le pays effectuant les essais et les pays utilisateurs considèrent comme l'environnement de tir à chaud correspondant au pire des cas auquel l'article testé sera exposé au cours des opérations. [température supérieure de tir] Réf: 4224, 4225, 4493.
vibration	**vibration**
A state of oscillatory motion induced in a body or mechanical system by an input of mechanical energy. This input may in itself be oscillatory, or in the form of a shock pulse or a succession of shock pulses. Ref: 2914, AECP-1.	Etat de mouvement oscillatoire communiqué à un corps ou à un système mécanique par un apport d'énergie mécanique. Cet apport peut être lui-même oscillatoire, ou se présenter sous la forme d'une impulsion de choc ou d'une suite d'impulsions de choc. Réf: 2914, AECP-1.
voltage spark	**étincelle en tension**
Electric environment. A small electrical discharge which occurs when the voltage difference between two conductors rises to a value high enough to break down the intervening medium, whether this is air or other dielectric. Ref: 4327. [thermal spark]	*Environnement électrique* : Une petite décharge électrique qui se produit lorsque la différence de tension entre deux conducteurs, augmente jusqu'à une valeur suffisamment élevée pour provoquer un arc dans le milieu qui les sépare, même si ce milieu est de l'air ou un autre diélectrique. Réf: 4327. [étincelle thermique]
waiver	**dérogation**
1. *Qualification of a munition*: Acceptance by the appropriate accredited acceptance authority, of a munition, which does not meet all requirements for safety. Ref: 4432. 2. *In QA*: See AQAP-119.	1. *Qualification d'une munition*: Acceptation par l'autorité accréditée compétente d'une munition qui n'a pas satisfait toutes les exigences de sécurité. Réf: 4432. 2. *En matière d'AQ*: Voir AQAP-119.
warhead	**tête militaire**
The portion of a weapon system which contains the payload which the projectile, rocket, missile or torpedo is to deliver. Generally, the payload is explosive, or it may contain telemetric or other components. See also AAP-6. [rocket, missile, projectile, payload]	Partie d'un système d'arme qui contient la charge utile, que le projectile, la fusée, le missile ou la torpille doit délivrer. En général, la charge utile est explosive ou elle peut être l'équipement télémétrique ou autre. Voir aussi AAP-6. [ogive*, fusée, missile, projectile, charge utile]
washout	**déchargement par lavage**
Disposal: The use of an agent, such as hot water, solvent or cryogenic dry wash, to remove energetic material in a munition without destruction of the case metal. Ref: 4518.	*Mise au rebut:* Emploi d'un agent, tel que eau chaude, solvant ou nettoyage à froid et sec pour enlever la matière énergétique dans une munition sans destruction du corps métallique. Réf: 4518.

watchdog timer	**horloge de surveillance**
Computing systems: An independent, external timer that ensures that the computer cannot enter an infinite loop. Watchdog timers are normally reset by the computer program. Expiration of the timer results in generation of an interrupt, program restart, or other function that terminates current program execution.	*Système informatisé:* Horloge externe indépendante, qui s'assure que l'ordinateur n'entre pas dans une boucle infinie. Elle est normalement remise à zéro par le programme de l'ordinateur. L'arrêt de l'horloge déclenche une interruption, un redémarrage du programme ou une autre fonction qui achève l'exécution du programme en cours.
Ref: 4404.	["chien de garde"]Réf: 4404.
water jet cutting	**découpage par jet d'eau**
Disposal: The use of a high pressure water jet to cut a variety of materials.	*Mise au rebut:* Utilisation d'un jet d'eau sous pression pour découper divers matériaux.
If abrasive is entrained into the water jet, the method is called an abrasive water jet cutting; metallic, or hard materials such as metal plates, ceramics, or glass can be cut. Ref 4518.	Si un abrasif est entraîné par le jet d'eau, la méthode est appelée découpe par jet d'eau abrasif. Les matériaux métalliques ou les matériaux durs tels que les plaques métalliques, les céramiques ou le verre peuvent être coupés. Réf 4518.
weapon classes	**catégories d'armes**
Lightning tests: See STANAG 4327.	*Essais "foudre":* Voir STANAG 4327.
weapon system	**système d'arme**
A weapon and those components required for its operation. (AAP-6).	Arme et matériel nécessaires à sa mise en oeuvre. (AAP-6)
The weapon system comprises the aggregate of the weapon, the associated launching vehicle or platform launching the munition, the available munitions and the ancillary equipment necessary to test, aim, launch and guide the munition, as applicable [ordnance]	Le système d'arme comprend l'ensemble arme, véhicule ou plate-forme de lancement associé, munitions à disposition et le matériel nécessaire pour les essais, le pointage, le lancement et le guidage de la munition, selon le cas. [munition et arme]
weapon transient level (WTL) - *Lightning tests:* See STANAG 4327.	**niveau transitoire pour une arme** - *Simulation de foudre:* Voir STANAG 4327.
wear life	**durée de vie en usure**
Cannons: The limit that could, if exceeded, result in unstable, inaccurate, inconsistent, or unsafe, performance of the projectile.	*Canons:* Limite qui, si dépassée, pourrait résulter en des performances dangereuses, instables, imprécises ou incohérentes du projectile.
This limit is dependent on the number of rounds and charges fired, or on actual measurements of the bore diameter. [safe fatigue life, service life] Ref. 4516.	Cette limite est fonsction du nombre de coups et des charges tirés, ou des mesures directes du diamétre de l'âme. [durée de vie en fatigue du point de vue de la sécurité, durée de vie en service] Réf. 4516.
whole system test - *Lightning tests:* See STANAG 4327.	**essai sur système complet** - *Simulation de foudre:* Voir STANAG 4327
whole weapon test - *Lightning tests:* See STANAG 4327.	**essai sur arme complète** - *Simulation de foudre:* Voir STANAG 4327.

wrench slots	fentes de vissage
Fuzes: Those features of a fuze, which in the assembly of the fuze to the projectile, permit tightening of the fuze. Ref: 2916.	*Fusées*: Caractéristiques d'une fusée qui permettent de la fixer au projectile lors du montage. [coulisses de vissage] Réf: 2916.

REFERENCE DOCUMENTS / DOCUMENTS DE RÉFÉRENCE

The documents which have been used for the composition of this AOP and other related glossaries and other glossaries and dictionaries which may be consulted are listed below.

Les documents utilisés pour la composition de la présente AOP et d'autres glossaires et dictionnaires qui pourraient être consultés sont évoqués ci-dessous.

Reference documents / Documents de référence généraux

a.   AAP-4: NATO Standardization Agreements and Allied Publications / Accords de standardisation et publications interalliées de l' OTAN.

b.   AAP-6: NATO Glossary of Terms and Definitions (English and French) / Glossaire OTAN de termes et définitions (Anglais et Français).

c.   AAP-19: NATO Combat Engineer Glossary / Glossaire OTAN du génie de combat.

d.   AASTP-3: Manual on the NATO Safety Principles for the Hazard Classification of Military Ammunition and Explosives (Annex A) / Manuel sur les principes de sécurité OTAN applicables au stockage des munitions et des explosifs (Annexe A).

e.   ARMP-1 (STANAG 4174): NATO Requirements for Reliability and Maintainability (Annex A) / Exigences OTAN en matière de fiabilité et de maintenabilité (Annexe A).

f.   STANAG 3968: NATO Glossary of Electromagnetic Terminology / Glossaire OTAN de terminologie électromagnétique.

g.   STANAG 4110: Definition of Pressure Terms and their Inter-relationship for Use in the Design and Proof of Cannons and Ammunitions / Définition des termes relatifs à la pression et leur correlation, à utiliser lors de la conception et de la mise à l'épreuve des canons et des munitions.

h.   Handbook on aims, organization and working procedures for the group on safety and suitability for service of munitions and explosives (AC/310) / Manuel sur les objectifs, l'organisation et les méthodes de travail du Groupe sur la sécurité et l'aptitude au service des munitions et des matières et produits explosifs (AC/310).

i.   The Concise Oxford Dictionary (UK).

j.   Le Petit Robert, dictionnaire alphabétique et analogique de la langue française (FR).

k.   Glossary of Terms, compiled by the Ordnance Board (UK) (Ed 1, Aug '86).

l.   Dictionnaire de Pyrotechnie, GTPS (FR).

m.   MIL-STD 444, Nomenclature and definitions in the ammunition area. (USA)

n.   MIL-STD 882, System safety program requirements. (USA)

o.   ST-9-152, Ordnance Technical Terminology (US Army)

p.   NIMIC Glossary of Terms, NIMIC-RB-407-97, 97.11.06 (with permission of the Steering Committee).

q.   H SystSäke, System Safety Manual, Swedish Armed Forces (20 Apr 1998).

r.   Weapon and Ammunition Safety Manual (FMV, Sweden)

2.   STANAGs and APs developed by AC/ 310 / STANAG et AP développés par l'AC/310.

In the columns are presented the document number and a shortened title (keywords). The full titles are published in AAP-4. The status of documents which have not been promulgated may be found in the decision sheets of AC/310.

Dans les colonnes le numéro du document et le titre raccourci (mots clef) sont présentés. Les titres non-raccourcis sont publiés dans l'AAP-4. Le statut des documents qui ne sont pas encore promulgués se trouveront dans les comptes-rendu de l'AC/310.

SG/1 : Documents concerning explosives and related products / Documents concernant les matières explosives et les produits associés:

4021	CE / Tétryl
4022	RDX / Hexogène
4023	PETN / Pentrite
4024	AN / Nitrate d'ammonium
4025	TNT / Tolite
4026	NGU / Nitroguanidine
4041	DNT / Dinitrotoluène
4117	Propellant stability / Stabilité de propergols
4147	Chemical compatibility - explosive components / Compatibilité chimique - éléments pyrotechniques
4170	Qualification explosives / Qualification de matières explosives
AOP-7	Qualification of explosives - test methods / Essais de qualification de matières explosives
4178	NC / Nitrate de cellulose
4230	HNS / Hexanitrostilbène
4284	HMX / Octogène
4299	AP / Perchlorate d'ammonium
4300	AL powder / Poudre d'aluminium
4397	Explosives catalogue / Catalogue d'explosifs
AOP-26	Explosives catalogue / Catalogue d'explosifs
4443	Mechanical test 1-axial compression / Essai mécanique compression uniaxiale
4487	Friction test / Essai de friction
4488	Shock test / Essai de choc
4489	Impact test / Essai d'impact
4490	Electrostatic discharge test - explosives / Essai de décharge électrostatique
4491	Thermal test / Essai thermique
4506	1-axial tensile test / Essai de traction uniaxial
4507	Relaxation test / Essai de relaxation
4515	Thermal characteristics / Caractéristiques thermiques
4525	Thermomechanical properties / Propriétés thermomécaniques
4527	NC based propellants - stability assessment / Propergols à base de NC - évaluation de la stabilité
4540	Dynamic-mechanical analysis / Analyse mécanique en dynamique
4541	Stability NC-NG based propellants - DPA / Stabilité de propergols à base de NC-NG, DPA
4542	Stability NC-NG based propellants - 2-NDPA / Stabilité de propergols à base de NC-NG, 2-NDPA
4543	NTO / ONTA
4556	Vacuum stability test / Épreuve de stabilité sous vide
4566	CL20 / CL20

SG/2: Documents concerning fuzing/initiation systems / Documents concernant les systèmes de fusée/d'initiation:

2916	Fuze contours / Contours de fusées
4157	Safety testing / Essais de sécurité
AOP-20	Safety tests - Qualification / Essais de sécurité - Homologation
4187	Design / Conception
AOP-16	Design requirements / Exigences de conception
4326	Fuze characteristics / Caractéristiques de fusées
AOP-8	Fuze characteristics / Caractéristiques de fusées
4363	Leads - explosive components / Relais - composants explosifs
AOP-21	Test methods explosive components / Méthodes d'essai de composants explosifs
4368	Design - rocket motor ignition / Conception - allumage de moteurs de roquettes

4369	Design - electronic fuze setting - large calibers / Conception - Réglage de fusées électroniques - grands calibres
AOP-22	Electronic fuze setting / Réglage de fusées électroniques
4547	Design - electronic fuze setting - medium calibers / Conception - réglage de fusées électroniques - calibres moyens
4560	EED characterization / Caractérisation des DEP

SG/3 : Documents concerning environments and environmental testing / Documents concernant les environnements et les essais d'environnement:

2895	Climatic environment / Environnement climatique
2914	Mechanical environment / Environnement mécanique
AECP-1	Mechanical environment / Environnement mécanique
4234	EM / RF environment / Environnement EM / RF
4235	Electrostatic environment / Environnement électrostatique
4236	Lightning environment / Environnement foudre
4238	EMR hardening of munitions / Résistance EMR des DEP de munitions
4239	ESD testing / Essais de munitions aux décharges électrostatiques
AOP-24	ESD testing / Essais de munitions aux décharges électrostatiques
4240	Liquid Fuel Fire / Echauffement rapide (Incendie de carburant liquide)
4241	Bullet Attack / Attaque par balles
4242	Munitions vibration tests, tracked vehicles / Vibration tests - munitions, véhicules à chenilles
AOP-34	Munitions vibration tests, tracked vehicles / Vibration tests - munitions, véhicules à chenilles
4315	Life assessment / Èvaluation de durée de vie
4324	EMR testing / Essais EMR
4327	Lightning test & assessment / Essais et évaluation orage
AOP-25	Lightning test methods / Méthodes d'essais orage
4375	Safety drop / Chute libre
4382	Slow heating / Echauffement lent
4396	Sympathetic reaction / Réaction par influence
4416	NEMP testing of munitions / Essais NEMP de munitons
4496	Fragment impact / Impact d'éclats
4526	Shaped charge jet inpact / Impact de jet de charge creuse

SG / 4 : Documents concerning generic munition systems / Documents concernant les systèmes génériques de munitions :

2818	Demolition materiel / Matériel de destruction
3786	Airborne dispenser weapons - design / Conception d'armes aéroportés
AOP-31	Demolition materiel - design / Conception de matériel de destruction
AOP-32	Demolition materiel - testing / Essais sur le matériel de destruction
4224	Cannon munitions tests / Essais munitions canons > 40 mm
4225	Mortar munitions evaluation / Évaluation de munitions de mortier
4297	Assessment & testing munitions / Évaluations & essais de munitions
AOP-15	Assessment & testing munitions / Evaluations & essais de munitions
4325	ALM testing (air launched munitions) / Essais sur MLA (munitions à lanceur aérien)
4333	Underwater munitions design / Conception de munitions sous-marines
4337	SLM (surface launched munitions) testing / Essais sur MLS (munitions à lanceur de surface)
4338	ULM (underwater launched munitions) appraisal / Évaluation de munitions à lanceur sous-marin
4404	Munitions related SCCS design / Conception de systèmes informatisés critiques - sécurité munitions
4423	Cannon ammunitions 12.7-40 mm evaluation / Évaluation de munitions pour canons 12,7 - 40 mm
4432	Guided ALM (air launched munitions) design / Conception de munitions guidées lancées air
4433	Mortar munitions design / Conception de munitions de mortier
4439	IM / MURAT
AOP-39	IM developpement, assessment & testing / Développement, évaluations & essais de MURAT
4452	Safety critical computing systems (SCCS) assessment / Evaluation SCCS
4493	Tank munitions assessment / Évaluation de munitions pour char
4497	Hand emplaced munitions / Munitions à positionnement manuel

4516	Cannon ordnance >12.7mm / Systèmes d'armes de calibre >12,7mm
4517	Large caliber ordnance >40mm design / Conception de systèmes d'artillerie de grands calibres >40mm
4518	Disposal / Destruction
4519	Gas generators / Générateurs de gaz
4520	Rifle launched grenades / Grenades à fusil

www.ingramcontent.com/pod-product-compliance
Lightning Source LLC
Chambersburg PA
CBHW080254290526
45790CB00005B/1804